中国古代传统美德经典故事丛书

绘图忠节经典故事

邓启铜 注释

东南大学出版社
SOUTHEAST UNIVERSITY PRESS

图书在版编目（CIP）数据

绘图忠节经典故事／邓启铜注释．—南京：东南大学出版社，2015.9
（中国古代传统美德经典故事丛书）
ISBN 978-7-5641-5931-3

Ⅰ.①绘… Ⅱ.①邓… Ⅲ.①品德教育-中国-青少年读物 Ⅳ.①D432.62

中国版本图书馆 CIP 数据核字（2015）第 165371 号

绘图忠节经典故事

责任编辑	彭克勇
封面设计	林绵华
出版发行	东南大学出版社
社　　址	南京市四牌楼2号　邮编：210096
出版人	江建中
网　　址	http://www.seupress.com
印　　刷	东莞市信誉印刷有限公司
开　　本	787mm×1092mm　1/16
印　　张	12.5
字　　数	250千字
版　　次	2015年9月第1版
印　　次	2015年9月第1次印刷
书　　号	ISBN 978-7-5641-5931-3
定　　价	24.80元

东大版图书若有印装质量问题，请直接向营销部调换　电话：025-83791830

前言

中华优秀传统文化是习近平总书记十八大以来治国理念的重要来源。一个国家一个民族的强盛总是以文化兴盛为支撑的，没有文明的继承和发展，没有文化的弘扬和繁荣，就没有中国梦的实现。

目前，举国上下都在践行社会主义核心价值观，即"富强、民主、文明、和谐、自由、平等、公正、法治、爱国、敬业、诚信、友善"，就其本质，与我们中华传统美德提倡的"四维八纲"即"孝悌忠信，礼义廉耻"是一致的。

民国初年，湖州老儒蔡振绅从小受父亲每晚讲一段古人嘉言懿行的故事教诲，他七岁读完《四书》，十岁读毕《五经》，十一岁读完二十一史及《尔雅》诸书，有深厚的学养和德行。当时中国动荡不安，世风愈下，德教沦丧。蔡振绅先生立志将中国传统美德故事按"孝悌忠信，礼义廉耻"汇集起来教化世人，特别是对孩童进行传统美德的教育。他找到志同道合的朋友，以正史中的故事为依据，共集了七百六十八个精彩故事，配上精美版画，再配以诗词教导儿童，这些故事都是精挑细选，可歌可泣，读后感人至深，每则故事后引用当时贤达人士的评语，发人深省。

由于当时时局的动荡，这套《八德须知》未能在社会上广为流布。根据四集自序，当时上海战事忽起，"振绅以二集三万二千部仅寄出三分之一，其已印就而尚未装订者有二万余部在战场之中无法取出……当炮火最烈之日，案前墙垣被震摇动频有崩圮之虞，甚至窗门自动震开，且相离数丈之地发现炸弹一枚亦未爆裂，幸此心未动……。"可以想见此书之不易！所幸三年前我收集到此书，看到如此精美的版画，我惊艳无比！特别是读到这些经典美德故事，让人掩卷沉思。

弘扬优秀中国传统文化，移风易俗，拯救社会道德滑坡，必须从德育教育抓起。必须从中小学少年儿童抓起，这些美德故事，分为孝、悌、忠、信、礼、义、廉、耻八个方面，各九十六则经典故事，这些故事都是历史上耳熟能详的、感人肺腑的典故，少年儿童从小熟悉这些故事，不但可以将中华传统美德植根于内心，更可以熟悉历史，从而受益终生。当然，囿于作者当时所处的社会，他所选取的故事有些明显带有局限性。在今天看来，有些虽符合传统道德标准，却违背了人性，甚至是违背了法制精神。我们在阅读时，一定要注意取其精华弃其糟粕，才符合当前弘扬优秀传统文化的精神。

这些故事，每段仅有八十余字，非常适合少儿阅读，译者注释和翻译了全文。因涉及面太广泛，有些人名、地名未能查到，有些是原书中存在的错误，特别是地名的变迁，非常复杂，来不及细考。书中存在的错讹，敬请读者不吝赐教，以便修订时更正。

邓启铜

2015.6.12

目录

一	龙逢极谏	002
二	比干争死	004
三	张良复仇	006
四	纪信代死	008
五	苏武牧羊	010
六	日䃅笃慎	012
七	丙吉护储	014
八	朱云折槛	016
九	李善乳主	018
十	嵇绍卫帝	020
十一	敬德瘢痍	022
十二	元方举知	024
十三	金藏剖心	026
十四	真卿劲节	028
十五	李绛善谏	030
十六	孟容制强	032
十七	李沆不阿	034
十八	王旦荐贤	036
十九	岳飞报国	038
二十	洪皓就鼎	040
二十一	孝孺斩衰	042
二十二	铁铉背立	044
二十三	于谦勤王	046
二十四	守仁求心	048
二十五	樊姬进贤	050
二十六	女婧谏槐	052
二十七	伯嬴守宫	054
二十八	钟离陈殆	056
二十九	魏负匡君	058
三十	忠婢覆酖	060
三十一	庄姪童谏	062
三十二	逐女愚辞	064
三十三	冯妃当熊	066
三十四	滂母无憾	068
三十五	李秀忠烈	070
三十六	卞裴何恨	072
三十七	虞孙诲忠	074
三十八	朱韩新城	076
三十九	贵儿殉君	078
四十	长孙规谏	080
四十一	王母勉儿	082
四十二	高秦死报	084
四十三	刘薛斩子	086
四十四	刘母教诤	088

四十五	李张救主	090
四十六	赵雍从容	092
四十七	良玉破贼	094
四十八	周母含笑	096
四十九	子文告新	098
五十	申生忧国	100
五十一	御己农谏	102
五十二	史鳅正君	104
五十三	樊哙鸿门	106
五十四	许杨械解	108
五十五	班超不疚	110
五十六	张纲埋轮	112
五十七	钟雅独侍	114
五十八	谒之引颈	116
五十九	处俊至忠	118
六十	仁杰直奏	120
六十一	嘉贞言路	122
六十二	韩休峭鲠	124
六十三	张巡杀妾	126
六十四	廷玉何悔	128
六十五	韩琦撤帘	130
六十六	富弼防意	132
六十七	昌世迎驾	134
六十八	秀夫负帝	136
六十九	绛山瘗烬	138
七十	绍宗生奠	140
七十一	钟同感马	142
七十二	杨爵泰然	144
七十三	齐姜重国	146
七十四	虞娟谏君	148
七十五	发母数子	150
七十六	陵母伏剑	152
七十七	青青乞代	154
七十八	苟刘保城	156
七十九	徐惠匡君	158
八十	钟许悟夫	160
八十一	仆固忠母	162
八十二	李郑诫子	164
八十三	董杨训儿	166
八十四	陈冯杖子	168
八十五	红玉桴鼓	170
八十六	施氏奴事	172
八十七	蓝姐捕盗	174
八十八	曾晏守砦	176
八十九	常哥苦心	178
九十	枢女无憾	180
九十一	朵那全主	182
九十二	云妾哺炜	184
九十三	妙善保印	186
九十四	周妾劝劾	188
九十五	金章牙牌	190
九十六	兆婢托耕	192

岳飞报国图

一 龙逢极谏
_{yī lóng páng jí jiàn}

[原评] 夏桀凿山穿陵，谏者辄被杀。耆老或谏，桀又杀之。又见篆书云："亡夏者桀。"于是大诛豪杰。贤者多出奔，龙逢继起而为最后之极谏，冀君少悛。桀终不悟，怒而杀之。宜乎！天变地崩，翌年即亡其国矣。

【原文】夏桀暴虐①，灭德作威，矫诬上天②，流毒下国③，谏者辄死④。关龙逄进谏曰："古之人君，爱民节用，享国之日长。今王用财若无穷，杀人若弗胜，人心已去，天命不佑⑤，亡无日矣！盍少悛乎⑥？"不听，龙逄立而不去。桀怒，遂杀之。

【注释】①夏：中国古代史上最早的王朝，大约存在于公元前2070年至公元前1600年，是禹的儿子启建立的第一个世袭制朝代。桀：夏朝末代君主。姒姓，夏后氏，名癸，一名履癸，桀是他的谥号（凶猛的意思）。夏桀是历史上著名的暴君。②矫诬上天：假托和诈称天意。③流毒：传播毒害。④辄：可译为"往往"、"总是"。⑤佑：指神明的佑助。⑥悛：悔改；改变。

【译文】夏王朝最后一个君王夏桀，他凶暴残虐，完全没有道德，作威作福。他知道民心不顺从，所以假借上天的名义进行诬罔，在各诸侯国里流毒横行。来进谏劝阻的人往往被他处死。关龙逄向夏桀进谏说："古代的君王，讲究仁义，爱民节财，因此国家久安长治。如今您如此挥霍财物，杀人无度，您若不改变，人心已经背离了您，天命也不会保佑您的。那么国家的灭亡也不久了！您何不稍稍改过一些呢？"夏桀不听，龙逄就站在朝廷上不肯走。夏桀大怒，于是把他杀死了。

一　龙逄极谏

二 比干争死

比干强谏
尽其忠诚
纣王淫泆
遂以死争

【原评】姜履曰:"忠臣不畏死,以仁存心也。比干谏而死,孔子与微箕二子同称为'三仁'。夫仁也者,使人身名并全,微子是也;使人爱身而后名,箕子是也;使人杀身以成名,比干是也。录其谏死之忠,以觇其仁。"

【原文】殷比干①，为纣少师②，见纣淫泆③，叹曰："主暴不谏，非忠也；畏死不言，非勇也。过则谏，不用则死，忠之至也！君有过而不以死争，则百姓何辜④？"乃强谏。纣怒曰："吾闻圣人之心有七窍⑤。"遂剖而视之⑥。武王伐纣，封比干之墓⑦。

【注释】①殷：即商朝，是中国历史上的第二个朝代。②少师：古代官名，商殷时期始置。初为乐官，后为教导太子的官。③淫泆：纵欲放荡。④辜：罪。⑤窍：凡通孔皆谓之窍。⑥剖：剖开。⑦封：聚土为坟。封比干之墓，即增修坟墓，以旌功勋。

【译文】殷朝的比干，是纣王的叔父，他在纣王身边任少师的官职。比干看着纣王纵欲放荡，感叹道："主上暴虐，不去劝谏，就是不忠；怕死不说，就是不勇。主上有过失就该去劝谏，若主上不用我的谏议的话，那么我就以死相争，这才是忠到极点啊！君王有了过错，做臣子的却不以死力争，那么百姓又有何罪遭这些孽呢？"于是他到纣王那里强谏。纣王生气地说："我听说圣人的心有七个孔窍。"于是把比干的胸膛剖开来看。后来周武王带领诸侯王讨伐纣王，灭了殷朝，为比干增修坟墓，以旌表其功勋。

二 比干争死

三 张良复仇

张良狙击
为韩复仇
灭秦假手
从汉依刘

【原评】张良屡为汉高划策,以统一天下,其心实忠于韩,而假手于汉以灭秦楚,为韩复仇也。不然,明哲如张良,岂不知汉高之为人"狡兔死,走狗烹"乎?故汉业既成,韩王已没,即辞官辟谷耳(辟谷:亦称"断谷"或"绝谷"、"休粮",即不食五谷。古称行导引之术,辟谷可以长生)。

【原文】汉张良①，以五世相韩②。秦灭韩③，良散家财，为复仇计。得力士，狙击始皇于博浪沙中④，误中副车⑤。始皇大索不得。后从汉高祖灭秦。韩立成为王，良归韩为相。及成被项羽所杀，良复归汉。灭项羽⑥，定天下，以功封留侯⑦。

【注释】①汉：即汉朝。②五世相韩：指的是张良的祖父、父亲在韩国任过五代韩王之相。其祖父开地相韩昭侯、宣惠王、襄哀王，父平相釐王、桓惠王。③秦：嬴姓，伯益后裔之封国。始皇灭六国，因以为有天下之号。韩：中国古国名，战国七雄之一。战国时，晋大夫分晋自立，有今河南西北部、陕西东部之地。④狙击：暗中埋伏，伺机袭击。博浪沙：地名。一作博狼沙。在今河南原阳县东南。⑤副车：天子的从车。⑥项羽：名籍，字羽，秦末下相（今江苏宿迁）人，秦亡后自封西楚霸王。⑦留：古地名。地在今江苏省沛县东南微山湖微山岛西南。西汉初，刘邦封张良为留侯，即此地。

【译文】汉朝初期的张良，他的祖父、父亲先后在韩国担任过五代韩王之相。秦国灭亡了韩国，张良把家里的财产都散去了，计划复仇后恢复韩国。后来他重金买通了一个大力士，在博浪沙暗中埋伏，伺机袭击秦始皇，结果误中秦始皇的副车。秦始皇四处搜索张良下落而不得。后来张良跟随汉高祖刘邦灭亡了秦朝，韩国立韩成为王，张良回到韩国做宰相。等到韩王成被项羽杀害之后，张良又回去帮助汉高祖刘邦消灭了楚霸王项羽，平定了天下。因为他的功劳巨大，所以被封为留侯。

四 纪信代死

纪信诳楚
假作汉王
易服代死
救主荥阳

【原评】当荥阳围急之时,纪信不忍汉王束手就擒,愿杀身代之,仁也。知楚人之无识,乃易服诳之,智也。乘汉王车,坦然以赴死,勇也。一举而三达德兼全,岂仅忠而已哉?

【原文】汉纪信,事汉王为将军①。项羽攻荥阳急②,汉王不能脱。信乃自请与汉王易服,乘汉王车,黄屋左纛③,出东门以诳楚④。汉王乘间出西门而遁⑤。信遂被焚。后立庙于顺庆⑥,曰:"忠佑"。诰词云:"以忠殉国,代君任患,实开汉业。"

【注释】①汉王:指汉高祖刘邦。②项羽:注释见前。荥阳:在今河南荥阳市。③黄屋左纛:古代天子车制,以黄缯(黄色的绸子)为车盖里,称"黄屋","左纛"是以牦牛尾所作之大旗,置于车衡之左者。一说在车衡左方注以毛羽幢纛,叫"左纛"。④诳:欺骗,迷惑。楚:楚军,项羽所带的军队。⑤间:空隙。遁:逃避。⑥顺庆:古时名城,今为四川南充市顺庆区。

【译文】汉朝的将军纪信,服事汉王刘邦共守在荥阳城里。楚霸王项羽攻打荥阳城到了极其危急的关头,汉王无法突出重围逃脱。纪信就请求和汉王换衣服,坐着汉王的车子,插着汉王的旗子从东城门出来欺骗楚兵。而汉王就趁着这会儿从西城门逃走了。纪信于是被楚军用火烧死了。后来汉王打下天下,做了汉高祖皇帝,就在顺庆为纪信造了一座庙,叫"忠佑庙"。诰词里说:"以忠殉国,代君任患,实开汉业。"

四 纪信代死

五 苏武牧羊

苏武持节
啮雪餐毡
牧羝海上
一十九年

【原评】许止净谓苏公之忠义,真千古无两者。试思居北海上冰天雪窖中,人身必需之衣食住三字,一无所有,而积年既久,依然无恙,岂非忠义格天,有鬼神呵护耶?亦其心中浩然之气,有以致之耳。

【原文】汉苏武,持节送匈奴使归①。单于欲降之②,武引刀自刺,气绝,半日始息。幽置大窖中③,武啮雪与旃毛④,咽之。旋徙武北海上无人处⑤,使牧羝。羝乳乃得归⑥。武掘野鼠,去草实而食之⑦。居十九年,得还。宣帝赐爵关内侯。

【注释】①节:符节,古代使者所持以作凭证。匈奴:古族名。又称"胡"。西汉初攻扰汉朝北方。汉武帝时受汉军打击而转衰。②单于:汉时匈奴君长的称号。③窖:地穴。④啮:用嘴咬。旃:毛织品,通"毡"。⑤北海:今贝加尔湖。⑥羝乳:羝,公羊。羝乳,即公羊产乳。指不可能发生的事情。⑦去:藏。

【译文】汉武帝时期,苏武拿着使臣的符节送匈奴国来的使臣回国。匈奴国的单于想要迫使苏武投降,苏武拿刀刺自己,已经断了气,过了半天才有了呼吸。单于把苏武幽囚在大地窖里面,不给他吃的喝的。天下雪,苏武嚼雪和毡毛,吞下充饥。匈奴又把苏武迁移到北海边没有人的地方,让他放牧公羊,说等到公羊生了小羊羔才能归汉。苏武便掘取野老鼠和它储藏的草实来吃。这样过了十九年才得以回到汉朝。汉宣帝赐予他关内侯的封爵。

五 苏武牧羊

六 日䃅笃慎

【原评】爱子，人所袒护也，而䃅怒其淫乱，杀之。纳其女于后宫，人所荣幸也，而䃅乃不之允。辅少主而相之，人所求之不得也，而䃅以非汉人，恐匈奴轻汉为辞。笃慎如此(笃慎：厚重谨慎)，宜其七世内侍，世名忠孝矣。

六 日磾笃慎

【原文】 汉金日磾,本匈奴王子。入汉,为黄门养马①。其长子为武帝弄儿②,与宫人戏。磾怒,杀之。上为之泣,而心敬日磾。欲纳其女后宫,不肯。上病,属霍光辅少子③。光让日磾,磾曰:"臣外国人,使匈奴轻汉。"于是遂为光副。

【注释】 ①黄门:官署名。汉朝设黄门官,给事于黄门之内。②弄儿:古时供人玩弄之儿童。③属:通"嘱",托付。

【译文】 汉朝金日磾,本是匈奴王的儿子,到了汉朝之后,做了专门为汉武帝养驾车的官职。他的大儿子是武帝身边供玩弄的幼童。有一天,他的大儿子偶然和宫里的人戏谑,金日磾见了非常生气,就把大儿子杀死了。皇上为他流了泪,但是心里很敬重金日磾。后来皇上想把金日磾的女儿娶到后宫里,金日磾不肯。皇上晚年时生了病,嘱咐大臣霍光辅助少子。霍光就把这个重大的责任荐让给金日磾,金日磾说:"我是一个外国人,假使我担当了这个职责,那么就会使匈奴国看轻了汉人,以为汉朝里没有人了。"于是金日磾就做了霍光的副手。

七 丙吉护储

丙吉護儲
閉門拒使
宣帝登基
不道前事

[原评] 许止净曰：博阳侯闭门拒使者之时，岂不知批逆鳞有连坐之诛？惟其不忍有一人无辜受戮，不惜掷身命以死争。此其阴德已不可限量，况宣帝立后，绝口不道前事。非所谓上德不德者乎？

【原文】 汉丙吉,治巫蛊狱①。时宣帝生数月,以皇曾孙坐卫太子事系②。吉知无辜,保养之。后诏系狱者无轻重皆杀之,吉闭门拒使曰:"他人无辜死犹不可,况亲曾孙乎?"使还奏,帝因赦天下。宣帝即位,吉绝口不道前事。

【注释】 ①巫蛊:古代称巫师使用邪术加害于人为巫蛊。②卫太子事:指太子刘据因巫蛊事,捕斩江充,发兵造反。系:拘囚。

【译文】 汉武帝时期,丙吉负责处理当时的巫蛊案。当时宣帝生下来只有几个月大,他是武帝的曾孙,因为其祖父卫太子刘据捕斩江充,发兵造反的事情连坐而一同被关进了监狱。丙吉知道他是无罪的,就保护养育他。后来武帝下诏令:凡是关在牢狱里的,不论犯罪轻重,一概处死。使者夜晚到来,丙吉关了门,拒绝使者说:"普通人无罪而死尚且不可,何况皇上的亲曾孙呢?"使者回去奏报武帝,武帝因此大赦天下。宣帝即位后,丙吉闭口不说以前的事情。

七 丙吉护储

八 朱云折槛

朱雲借劍
請斬佞臣
攀折殿檻
忠直無倫

【原评】朱云,一槐里令耳。乃敢借上方之剑,以斩佞臣张禹,是其身未从龙逢比干游地下,而其心早已从龙逢比干于地下矣!成帝虽非贤明,亦不愿自侪桀纣(侪:同辈,同类的人),非特不治罪,且不治槛以旌之,有足多者。

【原文】汉朱云,字游,平陵人①。少轻侠②,年四十改行。成帝时为槐里令③,上书愿借上方剑④,斩佞臣张禹。上怒,命斩之。御史将云去⑤。云攀折殿槛⑥,呼曰:"臣得从龙逢比干游地下⑦,足矣!"上怒回,乃赦之,命勿治槛,以旌直臣⑧。

【注释】①平陵:在今陕西省咸阳市西北。②轻侠:谓为人轻生重义而勇于急人之难。③槐里:古县名,在今陕西兴平东南。④上方剑:即尚方剑,也称尚方宝剑,皇帝收藏在"尚方"的剑,代表皇权的权力,有尚方剑的大臣,具有先斩后奏的特权。⑤御史:官名。春秋战国时期列国皆有御史,为国君亲近之职,掌文书及记事。秦设御史大夫,职副丞相,位甚尊;并以御史监郡,遂有纠察弹劾之权,盖因近臣使作耳目。汉以后,御史职衔累有变化,职责则专司纠弹,而文书记事乃归太史掌管。⑥攀:攀援。⑦龙逢:即关龙逢,夏之贤人,因谏而被桀所杀。比干:商纣王的叔父,官少师,因屡次劝谏纣王,被剖心而死。后用为忠臣之代称。⑧旌:表彰。

【译文】汉朝朱云,字游,是平陵人。朱云年少时轻财好侠义,到四十岁的时候就改变从前的行为了。成帝的时候,朱云做了槐里县的县令,他上书皇帝说希望借尚方宝剑去斩奸臣张禹的脑袋。皇上发怒了,命人斩掉朱云。御史拉着朱云离殿,朱云死死抓住御殿栏槛,把栏槛都折断了,大呼道:"臣能够跟随龙逢、比干同游于地下,足够啦!"皇上怒气稍解,于是赦免了朱云,命人不要修理那个折断的栏槛,以表彰正直的臣子。

八 朱云折槛

九 李善乳主

李善乳主
哺養辛勤
雖在孩抱
如奉長君

【原评】许止净谓奴隶名词,令人轻贱者,自贱之也。惟其奴于贪欲之心,遂致自贱耳。若李善者,士君子见之,且当望尘而拜,孰敢轻视之？故光武拜为太子舍人,再迁太守,流芳千古。居下者可以兴矣。

【原文】汉李善,为李元苍头①。元家死殁,惟孤儿续始生数旬,而资财千万。奴婢谋杀续分产,善不能制,乃潜负续逃隐②。亲自哺养,乳为生湩③。续虽在孩抱,奉之不异长君。续年十岁,善与归本县,修理旧业。后续为河间相④。

【注释】①苍头:古代指奴仆,以苍巾为饰。②潜:秘密地,暗中。③湩:乳汁。④河间:即今河北省献县。

【译文】汉朝有一个叫李善的人,是李元家的苍头。李元家的人都死完了,只留下刚出生几十天的孤儿李续,然而遗留下来的资产钱财上千万。家中的男女仆人打算谋杀李续,然后瓜分他的财产,李善不能够制止他们,于是偷偷地背着李续逃跑后隐藏起来。因为没有乳汁可给李续吃,李善用自己的乳头哺养他,乳头竟然生出了乳汁。这时候李续虽然还是个在怀抱里的小孩,但是李善待他和大主人一样。李续年纪十岁的时候,李善和他回到了家乡,修葺整理旧日的家业。后来李续做了河间王的相官。

九 李善乳主

十 嵇绍卫帝

【原评】古者求忠臣必于孝子之门。嵇绍事母至孝,故能移孝作忠。且秉其父忠烈之气,卒以单身卫帝而被害。史载:"或谓王戎曰:'昨于稠人中见绍,昂昂然若野鹤之在鸡群。'戎曰:'君复不见其父耳。'"

【原文】晋嵇绍，字延祖，康之子也。事母孝，累官至侍中①。会河间成都二王举兵②，绍从惠帝与王战于荡阴③，大败。百官皆奔，侍卫尽散，惟绍独以身捍卫④。飞箭雨集，死之，血溅御衣⑤。事定，左右欲浣衣⑥。帝曰："此嵇侍中血，勿浣。"

【注释】①**侍中**：古代职官名。秦始置，两汉沿置，为正规官职外的加官之一。因侍从皇帝左右，出入宫廷，与闻朝政，逐渐变为亲信贵重之职。晋魏以后，为门下省之长官，相当于宰相。②**河间**：西晋置河间国，在今河北省河间市。③**荡阴**：在今河南汤阴县西南。④**捍**：与"扞"同。抵御，保卫。⑤**溅**：液体受到冲击向四外飞射。⑥**浣**：洗涤，涤除。

【译文】晋朝的嵇绍，字延祖，其父嵇康是"竹林七贤"之一。他侍奉母亲非常孝顺，后来做官一直做到了侍中。这个时候恰逢河间王和成都王起兵造反，嵇绍跟从晋惠帝，和二王在荡阴打仗，结果朝廷的军队大败。百官都纷纷逃走，侍卫也都溃散，只有嵇绍独自一个人用身体捍卫惠帝。飞箭像雨一样聚集射过来，嵇绍被射死了，他的血溅到惠帝的衣服上。等到乱事平定了以后，惠帝身边的侍从想要浣洗他的那件血衣，惠帝说："这是嵇侍中的血，不要洗。"

十 嵇绍卫帝

十一 敬德瘢痍

【原评】鄂国公之忠至矣！观其辞金器之言曰："秦王赐再生之恩，唯当杀身以报。于殿下无功，不敢当重赐。若怀二心，徇利忘忠，殿下亦何所用之？"此书情词悱恻，忠言宛转，可谓万古千秋法。

【原文】唐尉迟恭,字敬德。事秦王时①,隐太子以书招之②,赠金皿一车,固辞。秦王称其心如山岳,非金所能移。后谓恭曰:"人言卿反,何也?"对曰:"臣从陛下百战定天下③,何反为?"遂解衣投地,出示瘢痍④。上流涕抚之。

【注释】①秦王:唐太宗初受之封号。②隐太子:指唐高祖李渊的长子李建成,唐太宗李世民的哥哥。李世民继位后,追封李建成为息王,以礼改葬,谥"隐"。后又追赠"隐太子"。③陛下:天子之称。古时帝王的卫士就在陛下两侧进行戒备。"陛下"是臣子对帝王的尊称。当帝王与臣子谈话时,不敢直呼天子,必须先呼台阶下的侍者而告之,因而称"陛下"。自汉始有此称。④瘢痍:疤痕,伤痕。

【译文】唐朝的尉迟恭,字敬德。他服事秦王李世民的时候,隐太子写信要招纳他,并且送了他一车的金器。尉迟恭坚决地辞谢不受。秦王称赞他的心好像山岳一样,不是金子可以移得动的。后来秦王做了皇帝,他对尉迟恭说:"有人说你造反,这是为什么呢?"尉迟恭回答道:"我跟从陛下经过了几百次的战争,才打定了天下,又为什么要反呢?"于是就解开衣服扔在地上,把身上留下的疤痕指出来给太宗皇帝看。太宗流着眼泪抚摸他的疤痕。

十一 敬德瘢痍

十二 元方举知

元方免官,复上书荐举其所知,不问仇党。

【原评】许止净曰:元方忠心报国,毫无城府。故虽残忍如武后,亦能以诚感之。至自信后代必兴,与于公同为美谈。盖天道本去人不远,非信子孙当兴之难,唯自信阴德在人之难耳。

【原文】唐陆元方，擢天官侍郎①。或言其荐引皆亲党。武后怒，免官，令白衣领职。元方荐人如初。后让之②，对曰："举臣所知，不暇问仇党③。"后知无他，复拜鸾台侍郎④。临终，取奏稿焚之，曰："吾阴德在人，后当有兴者。"卒如其言。

【注释】①擢：迁官曰擢。擢，选拔。**天官**：官名。《周礼》分设六官，以天官冢宰居首，总御百官。唐武后光宅元年改吏部为天官，旋复旧。后世亦称吏部为天官。**侍郎**：古代官名。汉制，郎官入台省，三年后称侍郎。隋唐以后，中书、门下及尚书省所属各部皆以侍郎为长官之副。②**让**：责备。③**仇党**：仇人和同党。④**鸾台**：唐时门下省的别名。

【译文】唐朝陆元方，升任吏部侍郎。有人向武则天说陆元方推荐的人才都是他的亲戚乡党。武后非常愤怒，把陆元方免去官职，令他用白衣人的身份管理职务。元方仍然像从前一样推荐人才。武后当面责问他，陆元方对答道："我是举荐我所了解的人才，不去问他是我的仇人或者是跟我亲近的人。"武后知道元方没有其他用心，就又封他为鸾台侍郎。他在临终时取出从前做的奏章草稿，全部用火烧掉，说："我积下了阴德在人间，我的后代一定有兴旺起来的人。"后来果然如他所说的那样。

十三　金藏剖心

金藏籍工　赤誠忠膽　皇嗣不反　剖心以明

【原评】许止净曰:"按本传:金藏母丧,庐墓侧,躬造石坟石塔,昼夜不息。原上旧无水,忽涌泉自出。有李盛冬开花,犬鹿相狎。卢怀慎上闻,勅旌其间。求忠臣必于孝子之门,信然。"

【原文】唐安金藏,在太常工籍①。睿宗为皇嗣②,有诬其异谋者,诏来俊臣问状。金藏呼曰:"请剖心以明皇嗣不反。"引刀刺腹,肠出而仆③。武后舆至禁中医治④,阅夕而苏⑤。后叹曰:"吾有子不能自明,不如汝忠也!"即诏停狱。

【注释】①太常:官名。秦置奉常,汉景帝六年更名太常,掌宗庙礼仪,兼掌选试博士。历代因之,则为专掌祭祀礼乐之官。工籍:指登记乐工的名册。这里当是指乐工。②皇嗣:皇子。③仆:向前跌倒。④禁中:也作"禁内"。封建帝王所居的宫苑。因不许人随便进出,故称。⑤阅夕:越宿。过了一晚。

【译文】唐朝安金藏,在太常寺乐工籍里做乐工。睿宗作为皇室子嗣,有人诬告他有谋反的计划,武后就下诏让来俊臣查明这件事的情状。金藏大喊着说:"请允许我剖开心来表明皇子没有谋反。"于是拿起刺刀刺向自己的肚子,肠子流出来了,身子仆倒在地。武后知道后,用御车把安金藏送到皇帝的居处医治,过了一个晚上才苏醒。武后叹着气说:"我有了儿子却自己不明白他,比不上你的忠心耿耿啊!"马上下诏停止审讯。

十四 真卿劲节

真卿
讨贼
倡义
誓师
惟知
守节
希烈
谢之

[原评]禄山反,杲卿起义兵,传檄河北。河北二十四郡,惟真卿一人倡义讨贼。无怪玄宗闻而奇之。杲卿为贼将史思明执送洛阳,大骂禄山为营州牧羊奴。禄山节解之,犹骂不绝口(詈:骂,责骂)。一门双忠,流芳千古矣。

【原文】唐颜真卿,为平原太守①。禄山反,真卿独倡义讨之。玄宗方叹河北无忠臣②,闻之曰:"朕不识真卿作何状③,乃能如是!"李希烈反,诏使劝谕④。希烈欲降之,真卿叱曰⑤:"汝知吾兄杲卿骂贼而死乎?吾惟守节。"希烈谢之。

【注释】①平原:即今山东陵县。②河北:黄河以北之地。③朕:是第一人称所有格,即"我"的意思。古人贵贱皆自称"朕",秦始皇时始用作皇帝的自称,汉以后皆因之。④劝谕:劝勉晓喻。多用于上对下。⑤叱:大声呵斥。

【译文】唐朝的颜真卿,在平原郡当太守。安禄山起兵造反,只有颜真卿独自倡义去讨伐他。玄宗皇帝正在感叹河北地方没有忠臣时,忽然听说了颜真卿起义勤王,就说道:"我不知道颜真卿是怎么样的一个人,竟能够有如此的忠心!"后来李希烈也造反,皇帝下诏让颜真卿去劝谕李希烈。李希烈想让颜真卿投降他,真卿就大声地呵斥道:"你知道我的哥哥颜杲卿,骂贼骂到死的事情吗?我只知道守节。"李希烈于是向颜真卿谢罪。

十四 真卿劲节

十五 李绛善谏

【原评】先君曰:"李丞相,良臣也。好直谏,不与小人为伍(伍:同列)。"李吉甫虽逢迎,宪宗每以绛言为是。盖以其知无不言,言无不中。故虽屡次犯颜,触怒上意,而仍能辗转陈言以启帝心。非立心忠正者,焉能至此?

【原文】唐李绛,善谏。上欲罪白居易,绛曰:"陛下容纳直言,故群臣敢谏。居易志在纳忠,今罪之,恐天下箝口矣①!"上悦而止。上尝责绛言太过,绛泣曰:"臣畏左右②,爱身不言,是负陛下。言而陛下恶闻,乃陛下负臣也。"上怒解。

【注释】①箝口:闭口。谓不言或不敢言。②左右:侍从;手下人。

【译文】唐朝的李绛,善于劝谏。皇上想要治白居易的罪,李绛说:"因为皇上能够容纳正直的话,所以群臣敢于进谏。白居易的本意在于表白他的忠诚,现在皇上降罪于他,恐怕天下人都要把嘴闭上了!"皇帝听后,脸色变得和悦而打消了治罪白居易的念头。皇上曾经责怪李绛说话也太过分了,李绛就流着眼泪说道:"假使我因为惧怕陛下身边的人,爱惜着自己的身子而不肯说真话,那么是我负了陛下。假使我说了真话而陛下不喜欢听,那么是陛下负我了。"皇帝听了这一番话,怒气便消了。

十六　孟容制强

> 孟容执豪贷债，令不偿，诏旨奉制，柳豪强

【原评】许止净谓：富人重利盘剥，固为害。而贷者抗债不偿，尤为害。故袒护富民(袒：庇护)，自非良吏；若矫枉过正，袒护贫民，佃田抗租，欠钱赖债，致信用丧失、风俗败坏，更进一步即为攘夺。此孟容所以抑制豪强也。

【原文】唐许孟容,为京兆尹时①,神策军吏李昱贷富人钱②,不偿。容收昱械系③,立期使偿。上遣中使宣旨④,送昱回本军。容曰:"臣不奉诏。臣为陛下尹畿⑤,非抑制豪强,何以肃清辇下⑥?钱未偿,李昱不可得。"上嘉许之,京城震栗⑦。

【注释】①京兆尹:官名。汉代管辖京兆地区的行政长官,职权相当于郡太守。后因以称京都地区的行政长官。②神策军:唐禁军名之一。天宝中陇右节度使哥舒翰破吐蕃时令军史成如璆建神策军于临洮西。安禄山乱起,临洮陷,如璆令其将卫伯玉领兵屯陕州,复号神策军。代宗、德宗时继由宦官统领,并归禁中定制,分左右厢,衣粮优厚,势居诸禁军上。唐亡始废。③械系:用桎梏锁起来;拘捕关押。④中使:宫中派出的使者。多指宦官。⑤尹畿:治理京畿。尹,治理。畿,古代称靠近国都的地方。⑥辇下:"辇毂下"的省称,辇毂之下谓京师。⑦震栗:惊惧、战栗。

【译文】唐朝许孟容,在当京兆尹的时候,神策军军官李昱借了富人家的钱,不肯偿还。许孟容就把李昱抓了起来,收押在狱中,并立下契约,让李昱在规定的时间内偿还欠债。皇上差了太监传圣旨,让孟容将李昱送回军队里,孟容说道:"我不能接受这个诏令。我为陛下治理京畿,如果不能抑制豪强,如何能整顿好京师里的地方呢?所欠的钱没有偿还清以前,李昱不可以放出去。"皇上很赞许许孟容,京师里的人为之惊恐战栗。

十七 李沆不阿

李沆不阿奏直陈殿陛公事公言深恶密启

【原评】先君曰:"李文靖,史称其内行修谨,居位慎密,不求声誉,遵法度、识大体,人莫能干以私。"公退,终日危坐,未尝跛倚。观其奏对各语,及深恶密启之言,与史之所称品行相仿。足见其守正不阿矣!

【原文】宋李沆,为相时,屡取四方之水旱盗贼直奏之。上问治道所宜先,对曰:"不用浮薄新进喜事之人,此最为先。"上尝谓之曰:"人皆有密启①,卿何独无?"沆曰:"臣待罪宰相,公事则公言之,何用密启?密启者,非谗即佞耳②!"

【注释】①密启:秘密启奏、启禀。②佞:善辩,巧言谄媚。

【译文】宋朝李沆做宰相的时候,屡次把四方的水灾旱灾和盗贼的事情,直接向皇上禀报。皇帝问他治理天下之道,首先最重要的是什么。李沆对答道:"不任用性情浮薄、新进官阶、喜欢生事的人。这是首要的。"皇帝曾经对李沆说:"别人都有密呈送给朕,为何唯独你没有?"李沆说:"臣当着待罪的宰相,有公事就公开向您报告,又何必用密折奏给皇上呢?更何况秘密的奏议,不是想谗言告状,就是巧言谄媚!"

十八 王旦荐贤

【原评】魏国公从容大度,为国荐贤,己忠反称人忠。史称平日家人未尝见其怒。试以少埃墨投羹中,旦惟啖饭。问何不啜羹,曰:"偶不喜肉。"后又墨其饭,曰:"今日不喜饭,可别具粥。"即此小事观之,足见其度矣。

【原文】 宋王旦为相,寇准数短旦①,旦专称准。上曰:"卿称其美,彼专谈卿恶。"旦曰:"臣在相位久,阙失必多。准无隐,益见忠直。"准私求为相,旦曰:"将相之任,岂可求耶?"准深憾之。及除节度使②,同平章事③,上具道旦所荐,准愧叹。

【注释】 ①**数**:屡次;多次。**短**:指人过失。②**节度使**:唐睿宗时始置。北宋初,中央收兵权,节度使成为将相、勋戚和宗室的荣衔,无实权。③**同平章事**:同平章事是同中书门下平章事的简称。平章是商量处理国事的意思。位高时,同平章事相当于宰相的官衔;位低时,官衔也在五品以上。

【译文】 宋朝的时候,王旦做宰相,寇准多次在皇上面前说王旦的短处,而王旦专门称赞寇准的好处。皇上说:"你称赞他好,可是他专说你的不好。"王旦回答道:"我在宰相的位置上坐了很久了,错误和过失必定很多。寇准没有隐瞒,更加可见他的忠心正直了。"寇准私下请求要做宰相,王旦道:"将相的大任,难道可以自己去求得来吗?"寇准对这件事感到深深的遗憾。等到后来寇准升任为节度使,同中书门下平章事,皇上详尽把事情真相告诉寇准说这都是王旦所推荐的,寇准自愧不如而叹服。

十九　岳飞报国

岳飞兵善众尽报盖
　寡破军忠国世
　　　　　　勋功

【原评】岳武穆,忠勇之将也。每出师,号令严明,秋毫无犯。凡有所举,尽召诸将谋之,故有胜无败。猝遇敌,无敢退者。每升官,必曰:"将士效力,飞何功之有。"惟其有人无我,故所向无敌耳。

【原文】宋岳飞，善以少击众。朱仙镇之役①，以五百人破金兀术众十余万②。秦桧与兀术通，矫诏召飞父子下狱③，令中丞何铸推鞫④。飞裂裳示铸⑤，背涅"尽忠报国"四字⑥。铸以白桧。桧改命万俟卨复鞫⑦，竟以"莫须有"三字定案⑧。

【注释】①朱仙镇：在今河南省开封西南，为水陆交通要地。宋岳飞大破金兵，进军至此。②兀术：金朝大将，即完颜宗弼。③矫诏：假托诏令。④中丞：御史中丞的省称，官名。负责察举非法，所以又称御史中执法。推鞫：唐宋法律术语，推究审问。⑤裂：扯裂。⑥涅：以墨涂所刺之字。⑦万俟：复姓，系出后魏拓跋氏。卨："卨"是"契"的古字。⑧莫须有：或许有。

【译文】宋朝岳飞，最擅长以少胜多的战术。在朱仙镇的战役中，岳飞用五百个的兵，攻破了金朝大将兀术的十几万兵。后来秦桧和金兀术私通，就假造了诏书，把岳飞父子们召回来关进牢狱，让御史台中丞何铸去推究审问他们。岳飞把上身衣服裂开了给何铸看，背上刺着"尽忠报国"四个字。何铸就把这些情况告诉了秦桧。秦桧改为任命万俟卨去复审，竟然用"莫须有"三个字定了案。

二十 洪皓就鼎

【原评】皓为秀州司录,时大水,白郡守发廪损直以粜。浙东纲米过城下,白守留之,守不可,皓愿以一身易十万人命。人感之切骨,号"洪佛子"。其子适遵,同中博学鸿辞科。幼子迈,亦中第。高宗曰:"此忠义报耳。"

【原文】 宋洪皓使于金①。至云中②,金人迫事刘豫。皓曰:"万里衔命③,不能奉两宫南归,恨力不能磔逆豫④,忍事之耶!愿就鼎镬⑤。"粘没喝怒⑥,将杀之。旁一校曰:"此真忠臣也!"为皓跪请。乃得流冷山⑦,绍兴十二年始归。卒谥忠宣。

【注释】 ①**使**:出使。②**云中**:古郡名。原为战国赵地,秦时置郡,治所在云中县(今内蒙古托克托东北)。宋改辽大同府预置云中府,以今大同市为治所。是宋、金联合攻辽盟约中预定归还宋人之地。后金人失约,地遂入金,仍改名大同。③**衔命**:奉命,受命。④**磔**:古代的一种酷刑,把肢体分裂。⑤**鼎镬**:古代酷刑,以鼎镬煮人。⑥**粘没喝**:即完颜宗翰,金朝名将。⑦**冷山**:古山名,即今黑龙江五常市东南百余里冲河镇附近一些终年积雪不化的大山。

【译文】 南宋的洪皓,奉命出使金国。到了云中这个地方,金国的人强迫他到刘豫部下去做事。洪皓说道:"我奉了皇上的使命,走了万里的远路,不能够奉侍二帝南归回国,只恨我自己的力量单薄,不能够把逆贼刘豫一刀一刀地杀死,哪里能忍受这种屈辱来服事他呢?我宁愿下油锅!"金将粘没喝大怒,想杀了他。旁边有一个小校说:"这个是真正的忠臣!"就替洪皓跪着求情。洪皓于是被流放到冷山,一直到了绍兴十二年才回国。洪皓死后,谥法忠宣。

二十一　孝孺斬衰

孝孺斬衰
草詔四字
振筆直書
燕賊篡位

[原评]方学士,真大忠臣也!同时御史景清,伏剑被收。嫚骂,抉其齿,且抉且骂,含血直喷御袍。御史练子甯,出语不逊。断其舌,子甯手探舌血,大书"成王安在"四字。忠烈之气,至今闻之,犹凛凛在目也。

【原文】明方孝孺，性刚直。燕王召用①，不屈。令草诏，孝孺斩衰入见②，悲恸彻殿。王曰："我法周公辅成王耳。"孝孺曰："成王安在？"王曰："伊自焚死。"孝孺曰："何不立成王之子？"左右授笔札，孝孺大书"燕贼篡位"四字。王大怒，夷十族③。

【注释】①燕王：明成祖当初之封号。②斩衰：旧时五种丧服中最重的一种。用粗麻布制成，左右和下边不缝。③夷：诛灭。十族：古时候诛夷至九族而止，九族包括父三族、母三族、妻三族。明成祖杀方孝孺，诛其"十族"，第十族就是除了九族之外的朋友门生。

【译文】明朝的方孝孺生性刚直。燕王朱棣起兵攻陷南京，推翻惠帝，夺取了皇位。燕王召见方孝孺，想要任用他。方孝孺不肯屈服。燕王又命令他起草登基诏书，方孝孺就穿着斩衰的丧服，进去见燕王。大殿内充满了他悲伤恸哭的声音。燕王对他说道："我是效法周公辅佐成王罢了。"方孝孺说："成王在哪里呢？"燕王道："他自己烧死了。"方孝孺说："为什么不立成王的儿子为皇帝？"左右的人把纸笔给了方孝孺，方孝孺就写了"燕贼篡位"四个大字。燕王大怒，灭了方孝孺十族。

二十二 铁铉背立

铁铉背立
不朝燕王
死生如一
寸磔何妨

【原评】铉死后，燕王纳尸油镬，顷刻成煤炭。使其尸朝上，展转向外，终不可得。王令用铁棒十余，夹持之，使北面。笑曰："尔今亦朝我耶！"语未毕，油沸，溅起丈余。诸内侍手糜烂，弃棒走。尸仍反背如故。呜呼！烈矣！

【原文】明铁铉，官山东参政①。屡破燕军。燕王篡位，执铉至京师。陛见②，背立廷中，正言不屈。割其耳鼻，终不顾。爇其肉③，纳铉口，令啖之④。问曰："甘否？"铉厉声曰："忠臣孝子之肉，有何不甘？"遂寸磔之⑤。临死，犹骂不绝口。

【注释】①参政：官名。明制，布政使下置左右参政。②陛见：谓臣下谒见皇帝。③爇：烧。④啖：吃。⑤磔：古代的一种酷刑，把肢体分裂。

【译文】明朝铁铉，任山东参政。燕王朱棣靖难兵起，铁铉屡次打败燕军。后来燕王篡夺皇位，派人把铁铉抓到了京师。送到殿上去见燕王的时候，铁铉就背转身站立在朝廷上，义正严辞，不肯屈服。燕王叫人把他的耳朵和鼻子割去了，铁铉终究不肯回头来看。燕王又把他身上的肉割下来，放在火里煮熟了，又放到铁铉的口里叫他吃，问他甜不甜。铁铉大声音回答道："忠臣孝子的肉，哪里有不甜的？"燕王于是把铁铉身上的肉一寸一寸地割下来。铁铉到临死的时候，口里还不绝声地骂着。

二十二 铁铉背立

二十三　于谦勤王

【原评】忠肃公声绩卓著。及遭艰虞(遭:相遇),缮兵固圉,身系安危,功在社稷。乃夺门变起,徐石辈力挤之死(挤:挤陷)。然徐有贞、石亨、曹吉祥相继得祸,皆不旋踵,而谦忠烈与日月争光,卒后得复官、赐恤。公论久而后定,信夫!

【原文】 明于谦谏止英宗亲征也先①，不听。驾陷土木②，京师大震，莫知所为。谦檄各军赴援，募民兵守御。也先遂拥英宗去。后也先愿归上皇乞和，谦谏景帝迎归。石亨等谮之③，遂弃市④。死之日，阴霾四合⑤，天下冤之。

【注释】 ①也先：明代蒙古瓦剌部首领。②土木：地名。即土木堡，在河北省怀来县土木镇境内。③谮：诬陷，中伤。④弃市：为死刑的一种。在闹市执行死刑并将犯人曝尸街头的一种刑法。⑤霾：乱风时空中降下沙土，尘土飞扬。

【译文】 明朝时候，于谦劝谏阻止英宗皇帝亲自去征伐蒙古国瓦剌部的首领也先，英宗不肯听。后来英宗在一个名土木的地方败了下来，给也先虏走了。京师震动极大，大家都不知道怎么办才好。于谦写了檄文调动各地方的军队过去援助，又募集了民兵守御着。也先见没有空隙可乘，就拥了英宗离开。后来明廷立了景帝做新君，也先愿意归还上皇请求讲和，于谦劝谏景帝把上皇迎回来。后来石亨等人在英宗面前诬陷中伤于谦，英宗处死了于谦。处死的那天，天上布满阴沉沉的黑云，天下的人都认为于谦死得冤枉。

二十三 于谦勤王

二十四　守仁求心

[原评] 文成公初筑室阳明洞中，泛滥二氏学。后以兵部主事抗刘瑾，谪贵州龙场驿丞。万山丛薄，苗獠杂居。守仁因俗化导。夷人喜，伐木为屋以栖之。其一生学问事业，全从格物致知、自求诸心得来耳。

【原文】明王守仁在龙场①，忽悟格物致知当自求诸心，不当求诸事物。喟然曰："道在是矣！"后盗贼蜂起②，乃亲率锐卒，破四十余寨③、八十余巢，平数十年巨寇。宸濠反，下九江④，薄安庆⑤。守仁袭南昌⑥。濠还救，大破之，遂执濠。

【注释】①龙场：在贵州修文县。②蜂起：像蜂飞一样成群而起，形容许多人一拥而起。③寨：多指四面环围的驻军处，营垒。④九江：今江西市名。⑤薄：迫近。安庆：今安徽省怀宁县。⑥袭：袭击，乘其不备，偷偷地进攻。南昌：即今江西省南昌市。

【译文】明朝时的理学家王守仁，被贬官到龙场的时候，忽然彻悟格物致知的道理应当自己从内心上去探求，而不应当从外在事物上去寻求。他就叹着气说："大道就在这里啊！"后来各处的盗贼像群蜂一样拥起，王守仁就亲自带领了精锐的兵卒，攻破了四十多个盗寨、八十多个贼巢，平定了几十年的大强盗。宸濠造反，攻下了九江，逼近安庆。王守仁就趁此机会，偷袭了南昌。宸濠回转兵力去救援，王守仁把他们一举攻破了，于是捉到了宸濠。

二十五　樊姬进贤

樊姬進美
擇賢於己
虞邱未忠
聞之媿矣

【原评】吕坤曰："国家不治，妒贤之人为之也。樊姬不妒于宫，而推治于国，惟无我心故耳！故我心胜者，不能容人，其终也，反不能容其身。然而妒者卒不悟也。可叹哉！樊姬女宗（女宗：女子的楷模），可以训矣。"

二十五 樊姬进贤

【原文】周楚庄王好猎①。夫人樊姬谏不听,遂不食肉。王改过,勤于政事。王称虞邱子之贤②,姬曰:"未忠也。妾事君十一年,求美女进于王,贤于妾者二人,同列者七人③。今虞邱子相楚十余年,子弟宗戚以外④,鲜有所进。贤者果如是耶?"虞邱子闻之大惭,乃荐孙叔敖而楚以霸⑤。

【注释】①楚:国名。芈姓,周代诸侯国。熊绎受封于周成王,立国于荆山一带,都丹阳(今湖北秭归东南)。②虞邱:楚大夫采邑,以邑为氏者。③同列:同一班列;同等地位。此处作"同等"解。④宗戚:同姓亲戚。宗,同姓;戚,亲戚。⑤孙叔敖:楚国贤相,初隐海滨。霸:古代诸侯之长。

【译文】周朝楚国的庄王,喜好打猎。他的夫人樊姬劝阻他,庄王不听,于是樊姬就不吃肉了。庄王被感化觉悟了,于是改过自新,对于国家政事勤勉起来。楚庄王时常称赞虞邱子的贤德,樊姬说:"这未必算是一个忠臣。我服侍君王十一年,曾经访求品貌俱佳的女子进献给君王。其中比我好的有两个人,和我同等的也有七个人。现在虞邱子在楚国为相十多年,除了他自己的子弟、同姓亲戚以外,很少有举荐过其他人才。难道贤人真的像这样的吗?"虞邱子听说了这番话,觉得非常惭愧,于是就举荐了孙叔敖,楚国因此得以称霸。

二十六 女婧谏槐

[原评] 齐侯使衍守槐,令以伤槐者死,孰料伤槐者,即为守令之衍乎！知法犯法,势难挽救。吕坤曰:"势之尊,惟理能屈之。是故君子贵理直。女婧之言,岂独能救父死？君相能用其言也,齐国其大治乎！"

二十六 女婧谏槐

【原文】周齐景公有爱槐,使衍守之,令曰:"犯槐者刑①,伤槐者死。"衍醉而伤槐,公怒,将杀之。女婧造晏子请曰②:"妾父犯令,固当死。第明君治国③,不以物害人。今君以槐杀妾父,妾恐伤执政者之法④,害明君之义⑤。邻国将谓君爱树而贱人也。"晏子惕然⑥,乃请于景公而免之。

【注释】①犯:触犯,冒犯。②造:到,去。③第:连词,但。④执政者:指晏子。⑤明君:谓景公。⑥惕然:敬惧之意。

【译文】周朝时齐国的景公,有一株特别喜爱的槐树。他派遣了一个叫衍的人去守护这株槐树,并下了命令说:"倘若有人侵犯了槐树,将被处以刑罚;如果伤害了槐树,就要被处死。"后来衍因为酒醉了,而伤害了槐树。齐景公发怒了,将要把衍处死。衍的女儿名叫婧的,就到相国晏子那里去请求,说:"我的父亲,触犯了大王的命令,本来罪当处死。但是贤明的君王治理国家,是不会因为小小的物事,而害及人的性命的。现在君王因为一株槐树而要杀我的父亲,我担心有伤执政者的法度,损害贤明君王的道义。邻国的人们将会说君王爱惜树,却看轻人民的性命。"晏子听后很敬惧,于是就去请求齐景公赦免了衍的死刑。

二十七　伯嬴守宫

伯嬴死守
永巷持刀
阍闾憨退
女界英豪

【原评】尽己之谓忠！伯嬴之守永巷也，先尽其力尽其言以守身；不成，则致命以殉国，理直气壮，阖闾尚不敢犯之；至与保母闭永巷之门，三旬不释兵，卒能保全其身。无惭国母！殊可敬也。

【原文】周楚平王夫人伯嬴①,昭王母也。吴伐楚②,昭王出走。吴王阖闾尽妻其后宫③。次及伯嬴,嬴持刀守永巷而言曰④:"近妾必死⑤,何乐之有?若先杀妾,是弑国君之母⑥,于汝又何益?"阖闾惭而退。嬴与保母闭永巷之门⑦,皆不释兵⑧。三旬,秦救至⑨,昭王返国。

【注释】①嬴:秦为嬴姓,故秦国之女皆曰嬴。②吴:国名。姬姓,子爵(古代五等爵位的第四等)。周太王长子太伯之封国,故城在江苏无锡市东南四十里。③妻:此处作"淫乱"解。④永巷:宫中之长巷,幽闭宫女之有罪者,汉时改为掖庭狱。⑤近:亲近。⑥弑:以下杀上。⑦保母:保护身体之人。⑧释:舍弃;抛弃。兵:兵器。⑨秦救:指秦哀公以兵来相救。秦,伯益后裔之封国。

【译文】周朝时楚国的平王的夫人,名叫伯嬴,她就是楚昭王的母亲。吴国来讨伐楚国时,楚昭王出逃到国外去了。吴王阖闾便把楚昭王后宫所有的女子,全都做了自己的姬妾。轮到伯嬴的时候,伯嬴手里拿着一把刀,守住了宫里的长巷,对来者说道:"亲近我身体的人一定要死,有什么乐趣呢?倘若要先杀了我,这就是杀害国君之母的罪名,这对于你们又有什么益处呢?"吴王阖闾感到很惭愧,就退回去了。伯嬴和他的保母就关闭了长巷里的大门,手里始终没有放下兵器。过了三十天,秦国的救兵到了,楚昭王就回到了楚国。

二十七 伯嬴守宫

二十八　钟离陈殆

齐锺离春
容貌丑陋
自诣宣王
危言直奏

【原评】 吕坤曰："无盐色为天下弃，而德为万乘尊，亦大奇哉！世之妇女，丑未必无盐，而为夫所弃者，当亦自反矣！以无盐之陋，出切直之语，而齐王犹尊宠之。狂惑之夫，不受妇人之谏者，当亦自愧矣！"

【原文】周齐钟离春,无盐邑之女①。容貌鄙陋无双:臼头②、深目、长壮、大节、卬鼻③、结喉、肥项、少发、折腰、出胸、皮肤若漆,行年四十,无所适④。乃自诣宣王⑤,直陈君国四殆⑥,正而有辞。宣王善其言,纳为夫人,尽反旧时所为⑦。齐国大安。

【注释】①无盐:在今山东东平县东二十里。②臼头:长得象石臼一样的头。③卬鼻:谓鼻露而向上。④适:嫁人。⑤诣:晋谒;造访。古代到朝廷或上级、尊长处去之称。⑥直陈:直说。四殆:指四件危险的事:一、外患内忧;二、纵欲病民;三、谏贤用佞;四、沉湎冒色。殆,危险。⑦反:改换。

【译文】周朝时齐国的钟离春,是无盐地方的女子。她的容貌丑陋粗鄙,举世无双:她的头长得像石臼一样,两只眼睛深陷进去,身材高大强壮,四肢粗大,鼻子向上仰露,喉咙有喉结,脖子又粗又肥,头发稀少,腰身弯曲,胸前挺出,皮肤像漆染过一般,年纪将到四十岁,还没有出嫁。于是她就亲自去见齐宣王,坦率地陈述了君王国里的四种危险。言辞正当,理由充分。齐宣王很赞许她的话,就接纳她作为夫人,并且完全改变了从前的行为。齐国因此一派安定。

二十九　魏负匡君

魏曲沃负
教子义方
如耳出使
自谏哀王

【原评】曲沃负教子以忠，子未及言，挺身往谏，陈纪纲之大(纪纲:法度)，正人道之始，全贞女之行，绳愆纠谬，使王不敢败度，强邻不敢加兵。君子谓其知礼，岂特忠也已哉？

【原文】周魏曲沃负①，大夫如耳母也。魏哀王为子娶妇，闻其美，将自纳焉。负谓如耳曰："君乱于无别，汝胡不匡之②？言以尽忠，忠以除祸，不可失也！"如耳未得间③，会使于齐④。负乃面谏哀王。王然之，遂还太子妇，而赐负粟三十钟⑤。如耳归而爵之⑥。

【注释】①曲沃：邑名，在今河南陕县西南四十里。这里不是春秋时期的曲沃。负：老妪；年老的妇女。②匡：匡正，辅助。③间：空隙，这里指事情有隙可乘。④使：受命而聘问之人。⑤钟：古容量单位，春秋时齐国公室的公量，合六斛四斗。⑥爵：爵位，这里用作动词，即授予官爵。

【译文】周朝时魏国曲沃县有个老妇人，她是魏国大夫如耳的母亲。当时魏哀王替儿子娶媳妇，听说那未过门的新妇长得很美丽，于是就想自己娶来做夫人。老妇人对儿子如耳说："国君现在不守伦常之别，你为什么不去纠正他呢？你向国君谏言，是为了尽自己的忠心；尽自己的忠心，是为了消除国家的祸患，不能错失这个劝谏的机会啊！"如耳想进言劝谏，却没有机会，又恰巧要出使到齐国去。于是老妇人就自己去劝谏魏哀王，哀王觉得她说的话有道理，于是把新妇还给了他儿子，并且赏赐老妇人二百石的米。等到如耳回来，哀王又授予他爵位。

二十九 魏负匡君

三十 忠婢覆酖

衛有忠婢
主母貪淫
命進酖酒
僵覆明心

[原评] 吕坤曰：忠婢此举，无一不协于善者。不彰主母之恶，厚也；不忍主父之毒，忠也；佯僵覆酒，智也；笞将死，终不言，贞也；不敢居主母之处，礼也。此可以为士君子之法，而况妇人乎？

【原文】周大夫主父①，自卫仕于周②。二年归，其妻淫于邻人，封药酒待之。主父至，妻使媵取酒进之③。婢知为酖也④，默计进之则杀主父⑤，言之则杀主母，因佯僵覆酒⑥。主父怒笞之⑦。妻以他故，欲杀婢灭口。主父弟闻其事以告，主父遂出妻⑧，欲纳婢以代之。婢固辞，乃厚币嫁焉⑨。

【注释】①主父：妾称夫曰主父。②卫：国名。姬姓，侯爵。武王弟康叔之封国，有今河南淇县、滑县、河北濮县等地。③媵：庶贱者，服侍的女人。④酖：与"鸩"通，鸩酒有毒，能杀人。⑤默计：默默考虑。⑥佯僵：诈跌。覆：倾出。⑦笞：古代用鞭子或竹板拷打的刑罚。⑧出：斥逐。⑨币：帛，古人用作礼物的丝织品。

【译文】周朝大夫号主父，从卫国到周朝去做官。两年后要回来，他的妻子与邻居淫乱，怕主父发觉，于是预备好毒酒，封好了等他回来。主父回来，妻子让媵婢拿酒进来给他吃。媵婢知道这是毒酒，心里默默地想着：如果端进去，就会杀死主父；如果把真相说出来，就会杀了主母。因此就假装跌了一跤，把酒打翻了。主父大怒，鞭打她。妻子怕媵婢说出事情真相，便以其他理由，想杀死婢子。主父的弟弟听到了这件事，就把实情告诉了主父。主父于是就逐出他的妻子，想要娶这个婢子来做替代。媵婢坚决推辞，主父于是用丰厚的嫁妆，把婢子体面地出嫁了。

三十 忠婢覆酖

三十一 庄姪童谏

莊姪年幼
持幟道旁
三難五患
直諫君王

【原评】庄姪，一十二龄之童女耳，忠爱性成，知国有三难五患，祸乱将作，乃竭诚谏阻，转危为安。丈夫行有加于是乎？王以之为夫人，是得一女忠臣矣。国安得而不强？

【原文】周楚庄姪,县邑女也。顷襄王好台榭①,出入不时,行年四十,不立太子。谏者闭塞,屈原放逐。秦欲袭其国,使张仪间之②。姪年十二,请于母,愿往谏之。母以年幼不许。姪乃持帜伏道旁以见王③,直谏三难五患④。王奇之,载归,立为夫人。乃为王陈节俭爱民之事,楚国复强。

【注释】①台榭:台和榭,亦泛指楼台等建筑物。土高曰台,有木曰榭。②间:离间。③帜:旌旗之属。④三难五患:谓王有所患者五,故及于三难。

【译文】周朝时楚国有个叫庄姪的女孩,她是县令的女儿。当时楚国的顷襄王,喜欢讲究建筑台榭,不按时令行事。年龄快到四十岁了,还没有立太子。来劝谏的人,言路被堵塞住,无从劝谏,大夫屈原也遭放逐。秦国想趁楚国防备松懈的时候袭击它,于是派遣张仪去离间。那时候,庄姪年纪还只有十二岁,向他的母亲请求说愿意去劝谏顷襄王。母亲因为她年龄太小而不肯。庄姪于是就拿着旗子,暗暗地躲在路边等候顷襄王出国门时面见他。她向襄王直言陈述了君王的三难和五患。顷襄王认为她很特别,就把她载回去,立做夫人。庄姪就为顷襄王陈述关于节俭爱民方面的事情,楚国从此又强盛起来了。

三十二　逐女愚辞

齐孤逐女
忧国深思
为君为相
尽其愚辞

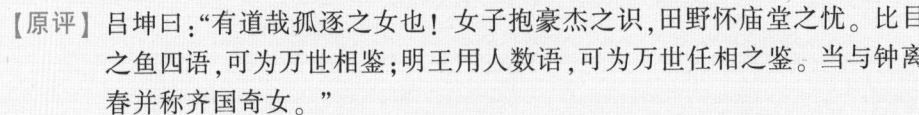

【原评】吕坤曰："有道哉孤逐之女也！女子抱豪杰之识，田野怀庙堂之忧。比目之鱼四语，可为万世相鉴；明王用人数语，可为万世任相之鉴。当与钟离春并称齐国奇女。"

【原文】周齐孤逐女,即墨人①,少孤,貌丑。会齐相妇死②,逐女造襄王之门。见谒者曰③:"妾三逐于乡,五逐于里,孤无所容,摈弃于野④。愿当君王之盛颜⑤,尽其愚辞。"左右以告。王辍食吐哺而起⑥,与语三日。遂敬事国相,以逐女妻之。齐国大治。

【注释】①**即墨**:在今山东平度市东南。②**齐相**:齐国之相。③**谒者**:官名。始置于春秋、战国时。掌宾赞受事,即为天子传达。古时亦用以泛指传达、通报的奴仆。④**摈**:排斥;弃绝。⑤**盛颜**:谓壮盛之颜色。⑥**辍**:中途停止,废止。**吐哺**:吐出嘴里食物。

【译文】周朝时齐国有一个孤逐女,是即墨地方的人,幼小时就没有了父亲,面貌长得丑陋。当时刚巧齐国相国的妻子死了,孤逐女亲自到齐襄王家门去,看见守门的人就说:"我三次被乡里驱逐,五次被里中驱逐,没有了父亲,无处容身,被摈弃在野外。现在我愿意当着君王的面前,全部说出自己的愚见。"左右的人就把这个事情告诉了齐襄王。襄王当时正在吃饭,就停止了进餐,起来见那个孤逐女,和她谈了有三天之久。于是从此就敬重相国起来,并且把孤逐女许给了相国做妻子。齐国由此得到大治。

三十三　冯妃当熊

汉冯婕妤
事帝后宫
从观斗兽
以身当熊

【原评】吕坤曰："妇人多畏，冯昭仪之当熊，忠义心切，遂不暇畏耳。傅后妒其独立以形己之短，成帝立，以他事诬杀之。呜呼！吾欲为善而善不可为，冯昭仪之谓乎？"

【原文】汉冯昭仪①,事元帝为婕妤时②,帝幸虎圈,观斗兽,后宫皆从。熊逸出圈,攀槛欲上殿③。后宫皆惊走,婕妤直前,当熊而立。左右格杀熊④。元帝问何独前当熊不畏,对曰:"猛兽得人而止。妾恐熊犯御座⑤,故以身当之。"元帝嗟叹,倍敬重焉,立为昭仪。

【注释】①**昭仪**:古女官名。汉元帝始置。为妃嫔中的第一级。昭仪,言昭显女仪,以示隆重。②**婕妤**:古代女官名。是妃嫔的称号,俸禄与列侯同。③**槛**:栏槛。④**格杀**:击杀。⑤**御座**:天子所坐之处。

【译文】汉朝的冯昭仪,服侍汉元帝做婕妤时,汉元帝到虎圈里去看野兽相斗,后宫里的人都跟随着去。忽然有一只熊逃出了圈槛,攀着栏槛要跑到殿上来。后宫里的人个个都惊惶失措地逃跑了,独有冯婕妤一个人挺身上前,挡住熊的去路。左右的人合力把这只熊击杀了。汉元帝问她为什么独自挺身上前,挡住熊而不害怕呢。冯婕妤回答说:"凶猛的野兽,只要抓到了一个人,它就会止步了。我担心这只熊侵犯到皇上的御座来,所以用自己的身体去挡住它。"汉元帝听后很感叹,更加敬重冯婕妤,后来立她为昭仪。

三十三 冯妃当熊

三十四　滂母无憾

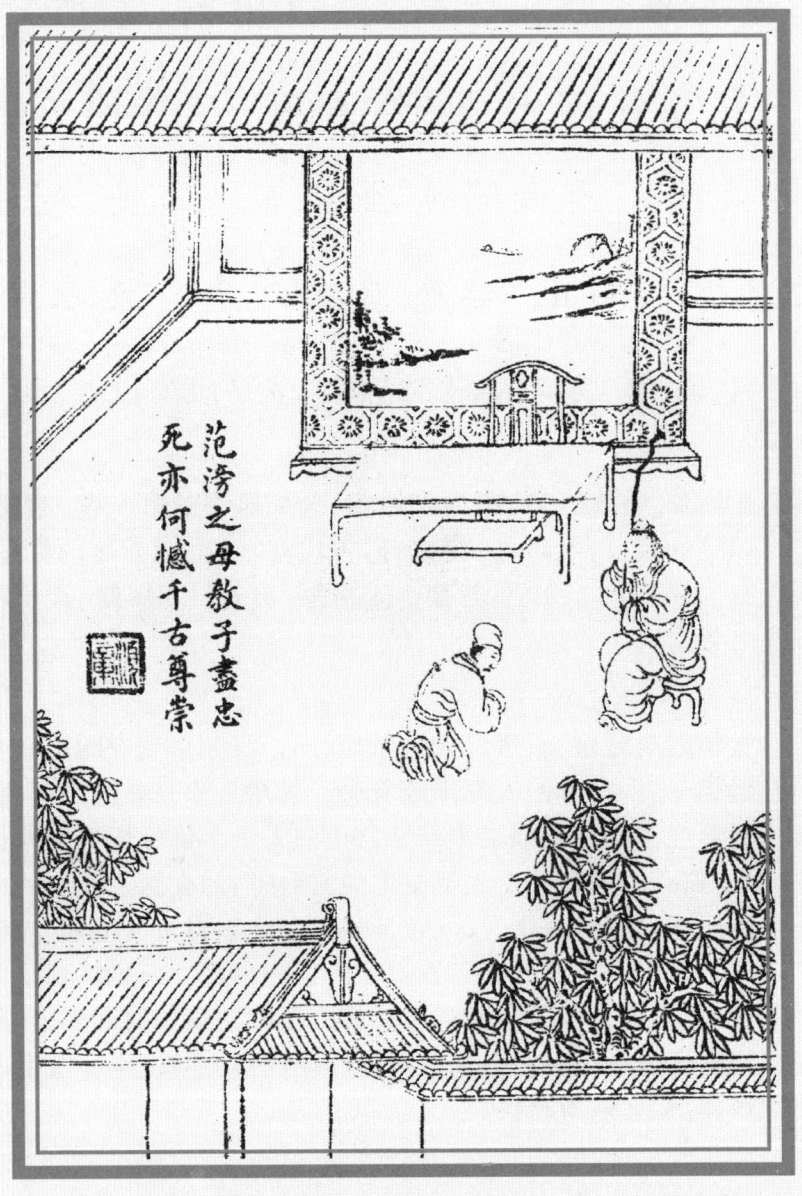

范滂之母教子盡忠
死亦何憾千古尊崇

[原评] 吕坤曰："滂当乱世而高论以速凶，处小人而激清以乐死，狷介之流也！吾深惜之。惟是名寿不可兼得，妙合知足之旨。而慨然割爱，无儿女子之情，母也贤乎哉！"

三十四 滂母无憾

【原文】汉范滂,字孟博,汝南人①。初为清诏使②,坐钩党系狱③。既释,朝廷复治钩党。督邮吴导不忍捕④,抱诏书而泣。滂闻之,即自诣县。县令郭揖愿与俱亡,滂以累令及老母力辞。其母就与之诀⑤,曰:"汝今得与李杜齐名⑥,死亦何憾?既有令名,复求寿考,可兼得乎?"滂跪受教。

【注释】①汝南:郡名。故址在今河南汝南县东南。②清诏使:治盗之官。③钩党:相互牵连的同党。④督邮:官名。汉代置,郡府属吏。本名督邮书掾(或谓督邮曹掾),省称督邮掾、督邮。主要职掌除督送邮书外,又代表郡守督察诸县、宣达教令,兼及案系盗贼,点录囚徒,催缴租赋等。⑤诀:辞别,告别。特指长别。⑥李杜:李,李膺;杜,杜密。

【译文】汉朝的范滂,字孟博,汝南人。起初做了治盗之官,因为相互牵连的同党而牵累入狱。已经获释后,过了不久,朝廷里又要重办结党的人。汝南县的督邮吴导,不忍心去抓捕他,就抱着皇帝下发的诏书哭了。范滂听说了这件事,就自己到县里去。县令郭揖愿意和他一起逃走,范滂因为担心连累县令和年老的母亲而竭力推辞不肯。范滂的母亲就去和他诀别,说道:"你现在能够和李膺杜密有同样的声名,死了又有什么遗憾呢?已经有了美好的名声,又要求长寿,哪能都得到的呢?"范滂跪下来接受母亲的教诲。

三十五　李秀忠烈

李毅女秀，摄甲守城，击破彝寇，代父统兵

【原评】李秀以一女子代父之职，统兵三十七部。历时三十余年，群彝慑服，州民安谧。卒于州任，百姓哀号，如丧考妣，相与立庙，岁时致祭，备受尊亲。洵女界之铮铮，坤维之表表。庙号忠烈，有以哉！

【原文】晋南蛮校尉宁州刺史李毅女秀①,绰有父风②。五彝围宁③,毅以忧卒。救援莫至,众推秀领州事④。秀擐甲守城⑤,粮食虽尽,志气益厉。伺彝懈⑥,击破之,围解。乃代父职,统三十七部。历三十余年,群彝慑服⑦。秀卒于任,百姓如丧考妣⑧,立庙岁祭。唐封明惠夫人,颜其庙曰"忠烈"⑨。

【注释】①校尉:西汉始定为武官名,位略次于将军,并随职务冠名号,如中垒校尉等。宁州:即今云南之地。刺史:官名。西汉武帝时,于全国十三部(州)置刺史,为监督官,后数次改刺史为州牧。②绰:宽大、舒缓。③五彝:南方之夷有五种,故曰五彝。④领:统率。⑤擐甲:穿上甲胄。擐,穿。⑥伺:侦候。⑦慑:恐惧。⑧考妣:(死去的)父亲和母亲。⑨颜:题字在匾额上。

【译文】晋朝时兼领南蛮校尉和宁州刺史两个职衔的李毅的女儿,名叫李秀,性格很像他父亲。当时南方的五个蛮夷部落围攻宁州,李毅因为忧虑过度而去世了。救援的部队还没有到,百姓们推举李秀统领宁州的事务。李秀穿上甲胄守护城池,粮食虽然吃完了,但是人们的志气反而更加振奋起来。他们暗中侦察等候敌人松懈的时候,便大举进攻,击破敌营,解了围。李秀就代理他父亲的职务,统领部下三十七部。经过了三十多年,众蛮夷都畏服了。李秀死在了任上,百姓们对她的死,觉得像是死了自己的爷娘一样痛苦,于是替她建造庙宇,每年供奉祭祀。后来到了唐朝,初封为明惠夫人,在她庙里的匾额上,题了"忠烈"两个字。

三十六　卞裴何恨

卞妇裴氏
义烈无垠
夫忠子孝
明祖封坟

【原评】苏峻之乱,卞壸督诸军,力疾苦战死。二子眕、盱亦从之。裴氏为忠臣妻,又为忠臣母,生前无恨,殁后犹荣。相隔千余年,英灵不泯,宜明祖之建祠封墓也。

【原文】晋卞壶,与二子眕、盱皆战死。壶妻裴氏抚尸哭曰:"父为忠臣,子为孝子,复何恨乎?"其墓在冶城①。明太祖建朝天宫②,欲平之,见一妇缞麻大笑③,怪问之。曰:"吾夫死忠,子死孝。吾忠臣妻,孝子母,又何戚焉④?"言毕,不见。太祖问于人,始知为卞坟,妇即壶之妻。乃建祠封其墓。

【注释】①冶城:古城名。故址在今江苏南京市朝天宫一带。相传春秋时吴王夫差冶铸于此。②朝天宫:位于江苏南京水西门内,古运渎迤北,是道教宫观。此处原是战国时期,吴王夫差的青铜冶炼作坊。三国时,孙权也曾在此设冶铸处。五代时的吴王杨溥建紫极宫。后更名祥符宫、天庆宫、玄妙观、永寿宫等。直至明太祖洪武十七年,重新翻建,才改名"朝天宫"。③缞:古代丧服,用麻布制成,披在胸前。④戚:忧愁;悲伤。

【译文】晋朝的卞壶,和他的两个儿子卞眕和卞盱都因战争而死。卞壶的妻子裴氏,抚摸着尸首哭着说:"做父亲的是忠臣,做儿子的是孝子,又还有什么遗憾的呢?"他们的墓都葬在冶城,后来明太祖要建造一所朝天宫,想要把这些坟墓平掉。忽然看见一个妇人穿着麻布的丧服,在那里大笑。太祖觉得很奇怪,就问她。那妇人回答说:"我的丈夫为忠而死,我的儿子为孝而死。我是忠臣的妻子,孝子的母亲,又有什么悲伤的呢?"话说完,就不见了。太祖向别人询问这件怪事,才知道这是卞氏的坟墓,那个妇人便是卞壶的妻子。于是建立祠宇,增修卞氏的坟墓。

三十七　虞孙海忠

虞潭之母
命子舍生
又遣孙楚
忠孝從征

【原评】孙氏初倾资产以飨将士，至资产已罄，复售所服环佩为军资，且尽发家僮以助战。不特教子忠，而又教孙移孝以作忠。教子尽忠，吾闻之屡矣；教孙尽忠，如孙氏者，有几人哉？

【原文】 晋虞潭母孙氏,守节抚潭。潭为南康守①,率众讨杜弢。母勉以忠义,倾资产以飨战士②。后征苏峻③,母戒之曰:"吾闻忠臣出孝子之门,汝当舍生取义,勿以吾老为累。"尽发家僮助战,售服饰为军资,又遣孙楚从征④,务尽忠孝。潭后以功封侯。母九十五始卒,谥曰"定夫人"⑤。

【注释】 ①南康:在今江西赣州市西南。②倾:用尽;竭尽。飨:用酒食慰劳。③征:征伐,发兵讨伐。④楚:潭子名。⑤谥:授与,加封;尤指死后追封。

【译文】 晋朝时期的虞潭的母亲孙氏,守节抚养虞潭成人。虞潭在做南康的地方官时,带兵去讨伐杜弢。他的母亲用忠义之道勉励他,同时倾尽全部的资产,设酒食来慰劳战士。后来虞潭出兵去征伐苏峻,母亲孙氏告诫他说:"我听说忠臣出在孝子之门,你应当舍弃生命以求取正义,不要因为我年纪老了,成为你尽忠报国的负累。"孙氏把所有的家僮全部派去助战,卖衣服首饰作为军费。同时又派遣她的孙子虞楚随军出征,务必要尽忠尽孝。后来虞潭因为功劳大而封了侯爵。母亲孙氏活到九十五岁才死,被朝廷赐予谥号为"定夫人"。

三十八　朱韩新城

朱母韩氏
登城履行
西北未固
率婢筑城

【原评】登城履行，西北未固，率众婢及民女，筑斜城廿余丈。厥后全城均受女子之惠焉。后世受专城之寄，闻寇不为备，寇至莫展一筹，坐视城陷，不顾人民死生者，视朱序之母，两间无容身处矣！

【原文】晋朱序为梁州刺史①，守襄阳②。秦苻坚兵入寇③，朱序之母韩老夫人，自登城履行④。至西北隅⑤，以为不固，率百余婢，及城中女子，于其角斜筑城二十余丈。秦兵至，围城，序固守。秦粮将尽，急攻之，西北角果溃⑥。众即坚守新城⑦，秦兵遂引退。襄阳人因名新城曰"夫人城"。

【注释】①梁州：古九州之一。有今陕西南郑县、安康市，湖北襄阳市等地。②襄阳：湖北市名。③秦：晋时十六国之一。氏族苻氏据陕西长安，国号"秦"，史称"前秦"。入寇：指外敌入侵进犯。④履行：实行查勘。⑤隅：方角。⑥溃：破败。⑦新城：新筑之城。

【译文】晋朝的朱序，是梁州的刺史，镇守襄阳城。秦国苻坚的军队入侵进犯襄阳城。朱序的母亲韩老夫人，亲自走上城头去实地勘查。走到西北角的防御城墙时，韩老夫人认为不够牢固，就带领了一百多个仆婢，以及襄阳城内的妇女们，在西北角处斜向筑起了一面二十多丈长的新城墙。后来秦国的军队到了，围困住襄阳城，朱序坚决地守卫着。秦国军队的粮草快用完了，便疾速地攻城，西北角的旧城墙果然塌了。朱序的军队就坚守着新筑起的城墙，秦国的军队只好退回去了。襄阳人因为这个缘故，就命名这座新城墙为"夫人城"。

三十九 贵儿殉君

贵兒宫女
忠烈超群
叛臣弑帝
大骂殉君

【原评】炀帝荒淫无度,死固其所。而德戡等忘恩负义,亦全无心肝人也。观贵儿责德戡之言,德戡等闻之,能无愧死?一宫人耳,尚有忠肝义胆,临难不避,彼反戈相向者,视贵儿真不啻霄壤矣!

【原文】隋宫人朱氏，名贵儿。时宇文化及使司马德戡等，于中夜率卫士①，欲弑炀帝②。宫人皆奔散，独贵儿在帝左右，责德戡曰："三日前，帝虑侍卫秋寒③，诏宫人悉絮袍袴④，帝自临视出赐。何遽负恩而反颜相向⑤？"及炀帝缢死，贵儿犹大骂德戡等不已，遂为乱兵所害。

【注释】①卫士：负责警卫的兵士。②弑：音解见前。③侍卫：官名。为皇帝禁军。④絮：在衣服、被褥里铺丝棉、棉花等物。袍袴：战袍，袴靴。军戎之服。⑤反：背叛之意。

【译文】隋朝的宫人朱氏，名字叫贵儿。当时宇文化及派遣了司马德戡等人，在半夜里带领了宿卫的兵士，想要杀死隋炀帝。宫里的人都逃散了，只有朱贵儿还留在炀帝身边，并且还责问司马德戡说："三天前，皇帝担忧侍卫秋天寒冷，下旨叫宫人们全部动手做棉袍和棉袴，并且皇帝还亲自来监工，做来赐给你们。为什么你们马上就负恩忘义，反目倒戈相向了呢？"等到隋炀帝吊死了，朱贵儿还大骂司马德戡等人不停，于是就被乱兵杀害了。

三十九 贵儿殉君

四十 长孙规谏

长孙皇后
规谏良佐
国有直臣
为君庆贺

【原评】长孙后非女谏官耶？世传妇言不可听，顾其人其言何如耳。如后者，朝夕在侧，随时进言，弥留犹以亲君子、远小人、纳忠谏、屏谗慝、省作役、止游畋为言（畋：打猎）。太宗且视为良佐，孰谓宫闱中无正人君子哉！

【原文】唐太宗后长孙氏，商榷献替①，每尽规谏。太宗或以非罪谴怒宫人②，后亦佯怒，请自推鞫。俟上怒息，徐为申理③。尝在上前，称魏徵为正直社稷之臣，并朝服立庭，贺太宗之容直言。病革④，与帝诀，犹谆谆以国政为辞⑤。后崩⑥，太宗哭之恸⑦，曰："此后入宫，不闻规谏，失良佐矣⑧！"

【注释】①商榷：商量，讨论。献替：献，进；替，废。指劝善归过，提出兴革的建议。②谴：谪问。③申理：为受冤屈的人昭雪。④革：通"亟"，危急。⑤谆谆：忠谨的样子。⑥崩：古代把天子的死看得很重，常用山塌下来比喻，由此从周代开始帝王死称"崩"。王后死亦曰崩。⑦恸：极其悲痛。⑧良佐：贤助。

【译文】唐太宗的皇后长孙氏，无论是商量讨论国家事务，还是劝谏皇帝，提出兴革建议，她每每尽力规谏。太宗有时候拿不当罪名谴责宫人，长孙皇后也假装着发怒，请求太宗允许她亲自审问。等到皇上怒气平息了之后，皇后就慢慢地替冤枉的人洗清冤屈。有一次，长孙皇后在皇上面前，称赞魏徵是一个能够匡护社稷的臣子，同时还穿了朝服，站立在庭前，恭贺太宗能够容纳直言。后来长孙皇后病情危急，和皇帝诀别的时候，诚恳地对太宗说许多有关国家政事的话。皇后死了以后，太宗为她哭得很悲伤，说道："从此以后，我到后宫里来，不再能听到规谏了。我失去了一个贤良的助手啊！"

四十 长孙规谏

四十一　王母勉儿

王义方母
勉子忠君
立名千载
死亦欢欣

【原评】 义方之母，诚善学陵母哉！陵母知汉之当兴，故对使伏剑，宁死以成子之忠。王母知君之不悟，故称先则古，誓死以教子之忠。言虽无济，而其母子之忠，亘古常昭矣！

【原文】唐王义方,官侍御史①。以宰臣李义府恃恩放恣②,将弹之③,告母曰:"奸臣当道,怀禄而旷官④,不忠;老母在堂,犯难以危身,不孝。进退惶惑,不知所从。"母曰:"王陵母杀身以成子之义。汝若事君尽忠,立名千载,吾死不恨。"义方遂弹之。高宗以为毁辱大臣,贬莱州司户⑤。

【注释】①**侍御史**:即周柱下史,自秦改为侍御史,列代因之,分类渐多,有治书殿中监察诸名目。②**恣**:放纵。③**弹**:检举违法失职的官吏。④**怀**:贪恋。**旷**:荒废,耽误。⑤**莱州**:即今山东莱州市。**司户**:官名。汉魏以下有户曹掾,主民户。北齐称户曹参军。唐制,府称户曹参军,州称司户参军,县称司户。

【译文】唐朝的王义方,做着侍御史的官。因为宰臣李义府靠着皇帝的宠爱骄纵放肆,将要去弹劾他,便告诉他的母亲说:"现在有奸臣当道,我要是吃着俸禄不管事,旷废了官职,就是不忠。但是老母在堂,倘若触犯了皇帝,使自己身体受到了危险,就是不孝。我进退两难,惶恐疑惑,而不知道怎么做才好。"他的母亲就说:"王陵的母亲杀身来成就儿子的忠义。你倘若事奉君王能够尽忠,树立名声流传千古,我死也没有遗憾。"王义方于是弹劾了李义府。高宗皇帝认为他侮辱大臣,把他贬到莱州去做司户。

四十二 高秦死报

秦氏被执忠告高叡
以死报君瞑目待毙

【原评】吕坤曰:"高叡仰药,固慷慨杀身之志也。乃被执而迫以利害,有徘徊心焉。向非秦氏以大义决之,安知不失身二姓乎?不为威怵,不为利诱,此大丈夫事也。乃妇人能之,呜呼!烈矣!"

【原文】唐高叡为赵州刺史①。默啜攻陷其城②,叡仰药不死③,与妻秦氏同被执。默啜示以宝刀异袍,曰:"尔降,赐尔官,否且死。"叡视秦氏,秦曰:"君受天子恩,城不能守,乃以死报,分也④。若受贼官,虽阶一品,何荣之有?"夫妇皆瞑目不语⑤。默啜知不可屈,杀之。

【原评】①赵州:即今河北省赵县。②默啜:突厥国主之名。③仰药:服毒。④分:名分,职分。⑤瞑目:闭上眼睛。

【译文】唐朝的高叡担任赵州的刺史。突厥国主默啜带兵攻陷了赵州城,高叡服毒自杀却没有死成,就和妻子秦氏一同被捕了。默啜拿出宝刀和新奇的官袍给高叡看,并对他说:"如果你投降,我就赐予你官爵;否则就把你们杀死。"高叡看着妻子秦氏,秦氏对他说:"你受了皇帝的恩典,城池没能守住,就用死来报答皇恩,这是你的职分。倘若你受了贼人的官爵,即使做到一品的官阶,又有什么荣耀呢?"夫妇两人都闭上眼睛,默不作声。默啜知道他们不屈服,便把他们杀害了。

四十三　刘薛斩子

【原评】 人莫不爱其子,亦莫不爱其身,忠臣既不爱身,何况其子?论者或谓子死不救,似伤乎仁。抑思仁以义行,此杀身所以成仁也。薛氏之言,非特全刘门之忠,且可厉将士之忠矣。

【原文】 南唐刘仁赡镇寿春①,周师攻城②,仁赡誓死守。幼子从谏泛舟私出,冀得自全。仁赡按军法斩之,监军求救于刘妻薛氏③。薛曰:"妾非不爱子,然法不可私。若贷其死④,则刘门为不忠。妾何面目见将士乎?"趣斩之⑤,然后哭成服。城陷,仁赡战殁,薛氏绝粒而卒⑥。

【注释】 ①**南唐**:国名。五代十国之一,徐知诰受吴禅,称帝于金陵,国号"唐",史称"南唐"。**镇**:安抚镇守之意。**寿春**:即今安徽寿县。②**周**:五代时,郭威灭后汉,国号"周",史称"后周"。③**监军**:官名。监察军事之职。④**贷**:宽免。⑤**趣**:古同"促",催促;急促。⑥**绝粒**:断绝饮食。

【译文】 南唐国的刘仁赡镇守着寿春这个地方。那时候,周朝的军队来攻打寿春的城头,刘仁赡立下誓言要死守住城。他的小儿子刘从谏想要坐船偷偷逃出城里,希望能够保全自己的小命。刘仁赡按照军法就要斩杀他的小儿子,监军官向刘仁赡的妻子薛氏请求解救。薛氏回答道:"我并不是不爱惜我的儿子,但是军法不可徇私,倘若宽免他的死罪,那么我们刘家就是不忠了。我将有什么面目去见将士们呢?"便催促他们把人斩了,然后穿上丧服痛哭一场。后来寿春城头被攻陷,刘仁赡战死了,薛氏便绝食饿死了。

四十三 刘薛斩子

四十四　刘母教诤

刘安世母
训子捐身
谏官尽职
天子诤臣

【原评】人臣身居言路，自当明目张胆，以身任责。所谓在职言职也。不然，天子何贵有诤臣乎？安世之父，平生欲为之而弗得，安世岂不愿为之？徒以有母在耳。安世之母，以捐身报国望其子，可谓知大义矣！

【原文】宋刘安世初除谏官①，白母曰②："朝廷不以儿不肖③，使居言路④，如有触忤⑤，祸谴立至⑥。若以母老辞，当可免。"母曰："不然！吾闻谏官为天子诤臣⑦，汝幸居此职，当捐身以报国恩。使得罪流放，无问远近，吾当从汝所之。"安世受命，正色立朝，面折廷争⑧。人目之为"殿上虎"。

【注释】①除：担任。②白：告诉。③不肖：不贤。④言路：朝廷进言之路。指做谏官。⑤触忤：顶撞；冒犯。触，干犯，冒犯。忤，逆，不顺从。⑥谴：官吏被贬或谪降。⑦诤：直言规劝。⑧面折廷争：指直言敢谏。面折，当面指责别人的过失；廷争，在朝廷上争论。

【译文】宋朝的刘安世，起初被朝廷任命为谏官，于是他去禀告他的母亲说："朝廷不因为儿子不贤，任命我为谏官。如果有冒犯皇上之处，灾祸便马上临头。倘若以母亲年老为托辞，应当能够避免任此官职。"他的母亲就对他说："不对！我听说谏官是天子的直言敢谏的臣子，你有幸任此官职，应当舍弃身家性命来报答国恩。即使获罪遭受流放，不论流放地点有多远，我都会跟你走的。"刘安世于是接受任命，以刚正无私的面色立于朝廷中，直言敢谏。别人把他看作"殿上虎"。

四十五 李张救主

李母張氏
獻替康王
舉薦宗澤
食足兵強

[原评] 男子贵有才，尤贵有器识，女子则不然。"无才便是德"，古语有之。虽然，女子可以无才，而不可以无识。若有德之才，亦何独不可有耶？李母才识，迥异常人，勉王数语，简明切当，有功宋室不尠。

【原文】宋康王质于金①。潜归②,道经李若水母张氏庄③,索饮,伪言服贾④。张曰:"君非商旅。适有金骑来追,吾已绐其归矣⑤。"因进酒食。王问姓氏,泣而不言。固诘之⑥,曰:"妾子李若水也,已死金军矣。生子得为忠臣,妾可不恨。闻宗泽食足兵强,事尚可为。大王勉之!"献以金银,泣而别。

【注释】①质:抵押;以…作人质。②潜归:私行逃回。③经:经过。庄:指建在山林田野间的住宅,别墅。④服贾:经商。⑤绐:欺诈,哄骗。⑥诘:询问,追问。

【译文】宋朝的康王在金国里做人质。后来秘密地逃回来了,路过李若水的母亲张氏所住的村庄,因为口渴了,便去讨水喝,并假说自己是经商之人。张氏说:"您并不是商人。方才刚好有金邦的骑兵来这里追寻,我已经骗他们回去了。"于是就给康王进献酒食。康王询问她的姓氏,张氏只是哭泣,没有作声。康王坚决地问她,她才说道:"我的儿子就是李若水,现在已经死在金国的军队里了。自己所生的儿子能够成为忠臣,我可以没有遗憾了。我听说现在宗泽的军队,粮饷充足,兵力强大,依靠他还可举事。希望大王以此勉励自己!"康王临行的时候,张氏拿了金银送给他,哭着和他送别。

四十六 赵雍从容

赵妻雍氏生死相从
池州城陷双缢从容

【原评】雍氏欲为忠臣之妇,昂发笑其非女子所能为。雍氏竟请先死,乃题书几上。夫妻冠带双缢尽忠。何其从容若此耶?盖视死如归。命官命妇,各尽其忠。堂名从容,真人杰地灵矣!

【原文】宋赵昂发妻雍氏,昌化人①。昂发为池州通判②,元兵渡江,守臣弃官去③。昂发摄州事④,缮壁聚粮,为固守计。元兵攻城,都统张林阴降。昂发知不可守,谓雍氏曰:"我守土当死,汝宜去。"妻曰:"君为命官⑤,妾为命妇⑥;君为忠臣,妾独不能为忠臣妇耶?"夫妻冠带双缢于从容堂。

【注释】①昌化:浙江县名(此县今已撤销,原地域约为今临安市西部)。②池州:今安徽池州市贵池区。通判:官名。宋初始于诸州府设置,即共同处理政务之意。地位略次于州府长官,但握有连署州府公事和监察官吏的实权,号称监州。③守臣:镇守一方的地方长官,这里指知州。④摄:假借为"代",代理,兼理。⑤命官:指朝廷的官吏。因古有一至九命之别,故称。⑥命妇:封建时代受封号的妇人。在宫廷中则妃嫔等称为内命妇,在宫廷外则臣下之母妻称为外命妇。

【译文】宋朝的赵昂发的妻子雍氏,是昌化人。赵昂发做了池州的通判官,当时元朝的军队渡江过来,地方的知州就舍弃官位逃离了。赵昂发就暂时代理州里的事务,修治城墙,聚集粮草,为固守城池做打算。后来元兵来攻城了,当时职掌征伐的统兵官张林暗地里投降了。赵昂发知道城池是守不住的了,就对妻子雍氏说:"我的职责是守卫疆土,理当死守在这里,你应当先逃离。"妻子雍氏说:"你是朝廷的命官,我是朝廷的命妇;你能够做忠臣,我难道不能够做忠臣的妻子吗?"于是夫妻两个人穿戴着礼帽角带,双双吊死在从容堂里。

四十七 良玉破贼

明秦良玉奉诏勤王
转战千里勋勒旂常

【原评】以一妇人,杀贼廿余年,转战数千里,忠心报国,奉诏勤王,屡建奇勋,百战百胜。置酒告逊之之语,单骑见捷春之言,尤非他人所能道。古今女将,当推良玉第一,岂特南川路战功第一乎?

【原文】明马千乘妻秦良玉,随夫从戎①。南川路战功第一②,口不言功。所部号白杆兵③,军令严肃,秋毫无犯④。援辽左⑤;救贵州⑥;解成都围⑦;收复重庆⑧;奉诏勤王⑨,出家财济饷⑩;转战数千里,多所克捷⑪。及张献忠复入蜀,当道不能用其策。乃退保石砫⑫,分兵严防,贼不敢犯。后以寿终。

【注释】①从戎:谓从军。②南川:指四川南部,即川南地区。③部:统率。④秋毫:鸟兽在秋天新长出来的细毛。喻细微之物。⑤辽左:即今辽阳县地。⑥贵州:今西南省名。⑦成都:今四川成都。⑧重庆:即今重庆市巴南区(曾称巴县,地域比巴南区要大许多)。⑨勤王:指君主的统治受到威胁而动摇时,臣子起兵救援王朝。⑩济饷:接济粮饷。⑪捷:战胜。⑫石砫:今重庆市石柱土家族自治县。

【译文】明朝马千乘的妻子,名叫秦良玉,跟随着丈夫从军在外。南川一路的战功要数秦良玉第一,但是她从不言说自己的功劳。她所统率的部队号称白杆兵,军中律令严肃,对待百姓秋毫无犯。她援救了辽左,解救了贵州,解了成都的围困,收复了重庆。后来又奉了皇上的圣旨,援救王室,拿出自家的财产来接济粮饷;转战几千里,打了不少胜仗。等到流贼张献忠第二次到了四川,当权的人不采用她的计策,她就退守石砫,分布防线,严加戒备,贼人始终不敢去进犯她。后来年纪老了,在家中老死。

四十八　周母含笑

周遇吉母
勉子忠君
登屋射贼
矢尽自焚

【原评】人当乱世,忠孝每不能两全。周遇吉忠矣,而其母尤忠。城陷子死,犹与遇吉妻刘氏,率妇女同登山巅公廨屋上以射贼,矢尽乃纵火自焚。阖门尽忠,流芳千古矣!

【原文】 明周遇吉母早寡。李自成反,遇吉总镇代州①,兵少食尽,救援不至。乃跪母前痛哭。母曰:"此何如时,尔尚归家作楚囚泣耶②?"遇吉曰:"儿稍刻即舍身报国,惟母难舍。"母怒曰:"尔为忠臣,吾得为忠臣母,流芳千古③,含笑见尔父于地下矣!"麾使出④。城陷,遇吉巷战死⑤,母自焚。

【注释】 ①**总镇**:总兵为一方武官之重镇,故称总镇。**代州**:即今山西代县。②**楚囚**:《左传·成公九年》载,楚人钟仪被晋俘房,晋人称他为"楚囚"。后用以指被囚禁或处境窘迫的人。③**流芳**:流传美名。④**麾**:指挥,下命令行动。⑤**巷战**:在街巷中进行短兵相接的战斗。

【译文】 明朝周遇吉的母亲早早就守了寡。李自成造反的时候,周遇吉总镇在代州,部下兵丁稀少,粮饷又吃完了,而救兵还没到,于是他就跪在母亲面前痛哭。他的母亲说道:"这都什么时候了,你还回家来作楚囚之哭吗?"周遇吉说:"儿子稍等片刻之后就去舍身报国,只是难以舍下母亲不管。"母亲发怒地说道:"你做了忠臣,我就能做忠臣的母亲,流芳千古,也能在地底下含笑见你的父亲了。"于是叫他出去。后来代州的城池陷落了,周遇吉在街巷中进行短兵相接的战斗战死了。他的母亲就自己放火烧死了。

四十九 子文告新

> 令尹子文
> 三巳無慍
> 舊政告新
> 去蜀隨分

【原评】 患得患失，固鄙夫所为，无论矣。乃至于三仕无喜，三已无愠，其中心坦白为何如乎？且非特无愠也，必将旧日己所行之政事，一一告诸新任。人能如子文之处处以国事为重，尚何权利思想之有哉！

【原文】周楚斗穀於菟①，字子文，为令尹②。缁布以朝③，鹿裘以处；日晦而归食④，朝不及夕⑤，以忧勤社稷⑥。成王每朝，设脯糗以羞之⑦。及出禄⑧，必逃。当斗般杀子元时⑨，子文自毁其家，以纾国难⑩。三仕无喜色⑪；三已之，无愠色。旧令尹之政，必以告新令尹。孔子称其忠。

【注释】①楚：芈姓，子爵，成王封熊绎于荆蛮，初都丹阳，后从郢徙鄀，均在湖北境内。斗穀於菟：斗氏，名穀於菟，斗伯比之子。伯比与鄅国国君女儿的私生子，初生时被弃于云梦，传说由虎喂乳，楚人称"乳"为"穀"，称"虎"为"於菟"，因以为名。②令尹：春秋战国时楚国执政官名，相当于宰相。③缁：黑色。④日晦：昏暮。⑤朝不及夕：早上顾不上晚上。及，顾及。⑥社稷：古代君王所祭的土地神和谷神。借指国家。⑦脯糗：干肉和干粮。脯，干肉；糗，干粮。羞：进献。⑧出禄：发给俸禄。⑨斗般：斗穀於菟之子。⑩毁家纾难：捐献所有家产，帮助国家减轻危难。毁，毁坏。纾，解除。⑪三仕：三次为令尹。

【译文】周朝时楚国斗伯比的儿子，初生时被丢弃在云梦草泽中，由老虎来给他喂乳，后来才又抱了回来。楚人称"乳"为"穀"，称"虎"为"於菟"，所以把他叫做斗穀於菟。斗穀於菟，字子文，是楚国的宰相。他上朝时候穿着黑布做的礼衣，在家里时穿着鹿皮做的衣服；每天到太阳下山的时候才回家里吃饭，常常是早上顾不上晚上的，把全部心思都用来为国事而忧虑勤劳了。楚成王每每在朝上准备干肉干粮给他吃。等到成王要赏他俸禄时，他逃走不接受。当初斗般杀了楚文王的弟弟令尹子元的时候，斗子文捐献自己所有的家产，来帮助国家缓解困难。斗子文三次担任宰相，都面无喜色。三次被免职，也都没有烦恼的颜色。他当宰相时的政务政策，一定都告诉新任的宰相。孔子也称美他的忠心。

五十 申生忧国

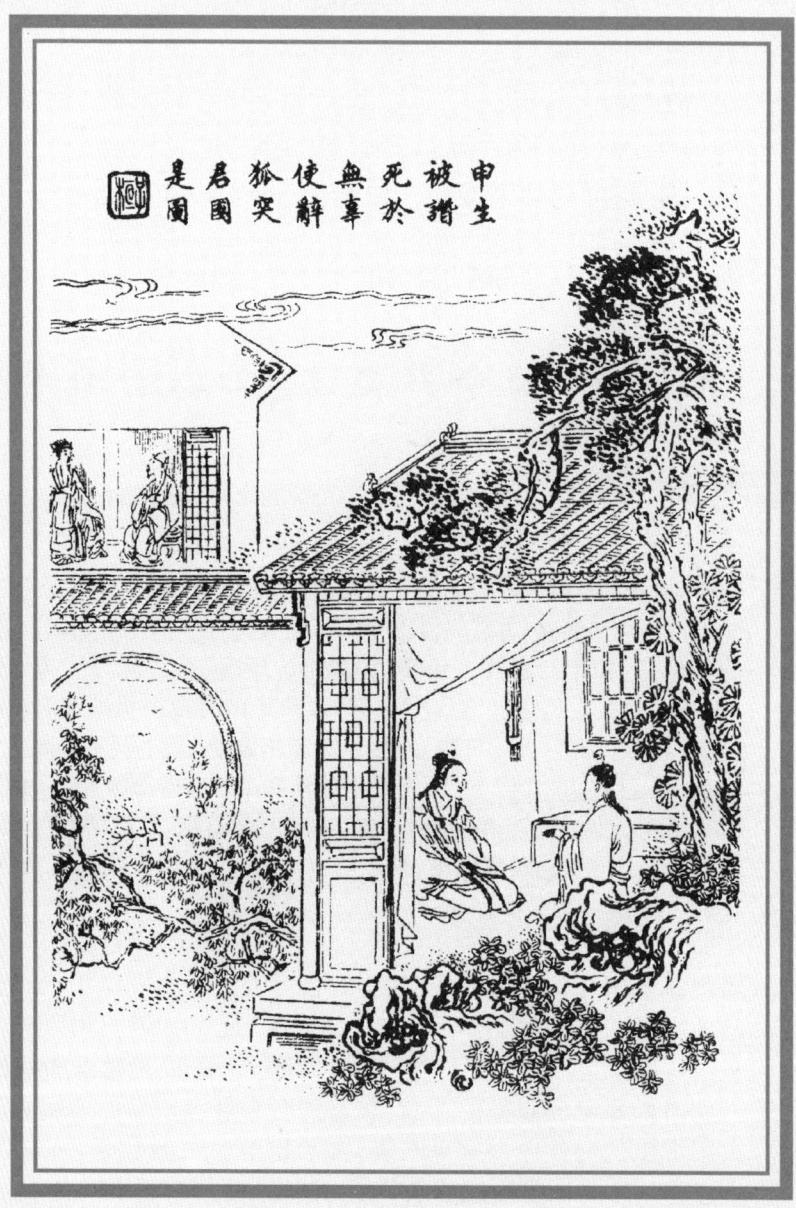

【原评】张南轩曰:"申生无辜而死,不但无一怨言,而爱君忧国之心,至死不变。忠孝之道,申生其曲尽矣!"许止净谓申生曲尽忠孝,除舜以外,孰能企及(企及:做到,比得上)? 所以没而为神,祸福晋国。天帝亦惟命是听也。

【原文】周晋献公听骊姬谗言①,将杀其世子申生。公子重耳谓之曰:"子盍言子之志于公乎②?"申生不可。曰:"然则盍行乎?"申生亦不可。使人辞于狐突曰③:"吾君老矣,子少,国家多难。伯氏不出而图吾君④,伯氏苟出而图吾君,申生受赐而死。"再拜稽首乃卒⑤。是以为恭世子也。

【注释】①晋:姬姓,侯爵。武王封弟虞于唐,后徙晋,凡四迁,皆在山西境内。②盍:何不。③辞:辞别;告别。④伯氏:指狐突。图吾君:言为吾君图安国之计。⑤稽首:古时一种跪拜礼,叩头至地,是九拜中最恭敬者。

【译文】周朝时晋国的献公听信了骊姬的谗言,将要把世子申生杀了。公子重耳对申生说:"你何不把你原来的志向告诉君王呢?"申生不肯。重耳又说:"你既然这样,那么你何不出走呢?"申生也不肯。后来申生派人去向狐突辞别说:"我们的君王年纪老了,幼子年纪小,国家又多灾多难。伯氏不出来替我们的君王筹划安邦定国之计便罢,伯氏如果出来替我们的君王筹划国事,申生蒙受您的恩惠,甘愿一死。"于是拜了又拜,行了最恭敬的叩头礼后就死了。因此申生被谥为恭世子。

五十一　御己农谏

老農御己
諫築層臺
莊王罷役
民歌薪萊

【原评】楚人之歌曰："薪乎莱乎，无诸御己，讫无子乎？莱乎薪乎，无诸御己，讫无人乎？"楚人感之切骨如此。盖苦役劳民，莫斯为甚。谏者且死，谁复敢言？而一农夫，卒能谏止之。孰谓君国事，小民无与乎？

【原文】 周楚庄王筑层台①，延壤百里，大臣谏者皆死。有诸御己者，违楚百里而耕②，谓其耦曰③："吾将谏王。"其耦曰："吾闻谏人主者，皆练达之士④。今子，老农耳，何谏为？"御己曰："若与余并耕，则比力也⑤。至于说人主，不与子比智矣！"委其耕而入谏⑥。楚王善之，遂解层台而罢民役。

【注释】 ①层台：重台；高台。②违：离开；背离。③耦：二人并肩耕地谓"耦"，这里指并耕之人。④练达：谙谏通达。⑤比：等同。⑥委：弃置。

【译文】 周朝时楚国的庄王建造了一个高台，面积占地一百里，大臣中劝谏楚王不要造这个台的人都被处死了。有个叫诸御己的种田人，在楚国百里以外的郊野里种田，他对着同他并肩耕地的人说："我要去劝谏楚王。"同伴说："我听说劝谏国王的人，都是谙谏通达的人。现在你不过是个老农夫而已，为什么去劝谏呢？"诸御己说："你同我并肩耕地，那么我们两个人的力量是相等的。至于去劝谏国王，我和你两个人的智慧就大不相同了！"于是就停下耕作，到楚宫里去劝谏楚王。楚王认为他说得很好，于是停止建高台了，免去了百姓所承担的劳役。

五十二　史鰌正君

> 史鰌直谏
> 生死怀忠
> 置尸牖下
> 卒悟灵公

【原评】 史鰌以直道事君，孔子尝称其"邦有道，如矢；邦无道，如矢"。而蘧伯玉之洁身退藏，孔子亦称其"邦有道，则仕；邦无道，则可卷而怀之"。夫固各有所长也！至鰌以尸谏，益见其忠君之念，没世不忘已。

【原文】周卫史䲡①,字子鱼,仕为大夫。灵公不用蘧伯玉而任弥子瑕。史䲡骤谏不从②。病将卒,命其子曰:"吾生不能正君,死无以成礼,置尸牖下③。"灵公往吊,怪而问之。其子以父言对。公愕然曰④:"寡人之过也。"于是进伯玉而退子瑕。孔子闻之曰:"直哉子鱼!既死犹以尸谏。"

【注释】①卫:国名。周武王封其弟康叔于卫。今自河北省旧大名府,开州以西至河南之卫辉怀庆,皆卫地。②骤谏:屡次进谏。③尸:同"屍"。牖:窗户。《说文》:"牖,穿壁以木为交窗也。"段注:"交窗者,以木横直为之,即今之窗也。在墙曰牖,在屋曰窗。"④愕然:仓猝惊遽的样子,形容吃惊。

【译文】周朝时卫国的史䲡,字子鱼,是卫国的大夫。卫灵公不任用贤人蘧伯玉,却任用佞臣弥子瑕。史䲡屡次进谏,卫灵公不听从。史䲡生病要死的时候,告诉儿子道:"我活着的时候,不能纠正了君王的过失,死后没有什么可用来使礼完备的,就把我的尸首放在窗下吧。"史䲡死后,卫灵公去吊丧,见了他的尸首放在窗下,觉得很奇怪,就问了原因。史䲡的儿子把父亲的遗嘱都对卫灵公说了。灵公听了吃惊地说:"这是我的过失啊。"于是进用了蘧伯玉而斥退了弥子瑕。孔子听说了这件事,就说:"正直啊子鱼!已经死了还要用尸首去劝谏人主。"

五十三 樊哙鸿门

樊哙护主，直阑鸿门，发指眦裂，皆生啖豚肩

【原评】先君曰："樊哙不愧壮士！其请沛公还霸上之语，责项王背前约之辞，貌虽赳赳，而言殊侃侃。高祖病，枕宦者卧，哙敢排闼（排闼：推开门。闼，宫中小门）直入极谏。可谓忠心耿耿，不避艰险之臣矣！"

【原文】 汉高祖为沛公时,与项羽会宴鸿门①。羽有杀沛公意。项庄拔剑舞,其意常在沛公。樊哙带剑拥盾入②,瞋目视羽③,头发上指,目眦尽裂④。羽曰:"壮士!赐之卮酒⑤,一生彘肩。"哙立饮啖之。羽曰:"复能饮乎?"哙曰:"臣死且不避,卮酒安足辞?"沛公欲亡去,哙力护之,遂脱归霸上⑥。

【注释】 ①鸿门:古地名。在今陕西临潼东。楚汉相争,项羽驻军并会宴刘邦于此,故又称项王营。②盾:盾牌,即古代打仗时防护身体,挡住敌人刀箭等的牌。③瞋目:睁大眼睛;瞪着眼睛。④眦:眼眶。⑤卮:古代盛酒的器皿。⑥霸上:在陕西西安市东。

【译文】 汉高祖刘邦在做沛公的时候,和项羽在鸿门相聚宴饮。项羽有杀沛公的意思。他的手下项庄拔了宝剑伴乐挥舞,他的目的时时在沛公身上。樊哙带了宝剑,持着盾牌冲进来,瞪着眼睛看项羽,头发都向上竖了起来,眼眶子都裂开了。项羽见了就说:"这真是个勇士!赏给他一杯酒,一只生猪肩。"樊哙马上把酒喝了,把肉吃了。项羽说:"你还能喝吗?"樊哙说:"我连死都不回避,一杯酒哪里值得推辞?"沛公感觉到危险,想逃走,樊哙竭力保护他,于是沛公才逃脱回到了霸上。

五十四　许杨械解

许杨忠信
屡次感灵
下狱械解
道晦光荧

【原评】考鸿却陂向为翟方进奏毁，民失其利，多至饥困。邓晨用许杨言修复，累岁大稔。许止净谓："传云：'民，神之主也。'造福于民，自得神祐。故下狱而械自解，道晦而光照临。晨为杨起庙图形，馨香俎豆，宜哉！"

【原文】汉许杨，汝南人①。郡有鸿却陂②，久毁。太守邓晨欲修复其功，闻杨晓水脉，召与议之。因起塘四百余里，民得其便。初，豪右谮杨受赂。晨收杨下狱，而械辄自解③。狱吏白晨④。晨曰："果滥矣⑤！我闻忠信可以感灵，今其效乎！"即夜出杨。是时天晦，道中若有火光照之。时人异焉。

【注释】①汝南：今河南县名，故治在县东南六十里。②鸿却陂：在汝南县东十里。却，一作"郄"，又作"隙"。陂，蓄水曰陂。③械：脚镣手铐一类的刑具。④白：告语。禀告：报告。⑤滥：虚妄不实。

【译文】汉朝的许杨，是汝南人。郡中有个鸿却陂，已经毁坏很久了。太守邓晨想要修好鸿却陂，恢复陂蓄水的功能。他听说许杨懂得水脉，便邀请他来参与商议这个事。于是造了一条四百多里长的塘，百姓们都得到了这条塘的便利。起初的时候，当地的豪强诬陷许杨收受贿赂。邓晨就把许杨收押关进牢里，然而锁着许杨手足的刑具总是自动解开。监狱官就把这件怪事告诉太守邓晨。邓晨说："罪名果然虚妄不实啊！我听说忠信可以感动神明，现在这件事就验证了啊！"当天夜里就把许杨放了出来。这时候天色已经很暗了，路上好像有火光照着许杨走，当时的人都对这件事感到奇怪。

五十四 许杨械解

五十五　班超不疚

班超投笔
西域立功
去妻释邑
帝称其忠

【原评】 先君曰："班定远侯，英杰也！治戎有术，深得大体；诚任尚以宽小过，总大纲。惟其措置得宜，故能久镇西域。至被李邑所潜，帝使谢罪，仍释邑使归。其宽容大度，忠于为国者，概可见矣。"

【原文】汉班超,字仲升,投笔从戎①,立功西域②。诸国皆遣子入侍。李邑谮超拥爱妻③,抱爱子,安乐外国,无内顾心。超遂去其妻。章帝知超忠,乃责邑诣超谢罪,令受超节制。超即遣邑将乌孙侍子还④。徐幹曰:"邑前毁君,今不可遣。"超曰:"内省不疚⑤,何恤人言⑥?快意留之,非忠臣也。"

【注释】①从戎:从军。②西域:汉代以后对今甘肃玉门关以西地区的通称。③李:一作"朱",因其姓名与西汉循吏朱仲卿同,故仍用"李"。④乌孙:中国西北古代民族,兼作国名。初期游牧于祁连、敦煌一带。后西迁今伊犁河、天山之间。汉武帝时,张骞出使西域,乌孙王与汉结盟,后属西域都护。⑤疚:因有过失而感到内心惭愧痛苦。⑥恤:忧虑。

【译文】汉朝的班超,字仲升。他扔掉笔去从军,在西域地方立下了战功。于是外邦各国国王都派遣自己的儿子入汉朝奉侍。李邑在皇帝面前中伤班超,说班超抱着爱妻、爱子,在外国享受安乐,没有顾念自己国家事务的心了。班超知道后就赶走了她的妻子。章帝知道班超是忠心的,就责令李邑到班超那儿去谢罪,并且命他接受班超的管束。李邑到了以后,班超立刻派他带领乌孙国国王的儿子回朝。徐幹就对班超说:"李邑之前在皇上面前毁谤你,现在不能打发他走。"班超说:"一个人只要自我反省时内心并不感到惭愧不安,哪里需要忧虑别人的评议呢?把他留下以快私意,不是忠臣会干的事啊。"

五十六 张纲埋轮

張綱受命
獨埋車輪
奏劾梁冀
忠直军倫

【原评】先君曰:"张文纪,骨鲠直臣也。因劾梁冀等无君之心,冀思中伤之。适广陵剧贼张婴作乱,遂出为太守。文纪单骑诣婴垒,剀切劝谕。婴率所部万余人归降。惜任职未几,遽而病终,不能久扶社稷耳!"

【原文】汉张纲，字文纪，少明经学，负气节。顺帝朝，为御史。与杜乔、周举、周栩、冯羨、栾巴、郭遵、刘班八人①，分行州县，表贤良，察贪污。乔等受命之部②，纲独埋其车轮于洛阳都亭③，曰："豺狼当道，安问狐狸？"遂劾奏大将军梁冀④、河南尹不疑等奸恶十五事。书奏，京师震竦。

【注释】①此八人均是巡查各州县之贤否的人。②之部：往部。③埋：藏。洛阳：河南地名。都亭：都城之亭。④劾奏：向皇帝检举官吏的过失或罪行。

【译文】汉朝的张纲，字文纪。年幼时就懂得经学，具有忠正的气节。在顺帝朝里担任御史官。他和杜乔、周举、周栩、冯羨、栾巴、郭遵、刘班共八个人，分头到各州各县去巡视，表彰贤良，纠察贪污。杜乔等七个人受皇命后便到指定部门去查，只有张纲把自己的车轮藏在了洛阳都亭的下面，他说："凶残的恶人就横在道路中间，还去问什么狐狸呢？"于是就弹劾当时的权臣大将军梁冀和河南太守尹不疑等奸恶之人十五件作奸犯法的恶事。他的奏章上奏到皇帝那里，京师的人都感到震惊、恐惧。

五十六 张纲埋轮

五十七 钟雅独侍

侍中锺雅
亮直刚方
百僚奔散
独在帝傍

【原评】 当苏峻乱时,效忠者如俞纵桓彝,相继死于王事。温峤毛宝,尽力战于石头,均有足多者。至若钟雅独侍成帝之侧,仿佛嵇绍独卫惠帝之躬。嵇绍,侍中也;钟雅,亦侍中也。晋代先后二侍中,其揆一也(揆:准则)。

【原文】晋钟雅,字彦胄,少有才志,累迁至侍中。苏峻既至石头①,百僚奔散②,惟雅独在帝侧。或谓雅曰:"见可而进,知难而退,古之道也。君性亮直,必不容于寇雠。何不用随时之宜,坐待其毙耶?"雅曰:"国乱不能匡,君危不能济,而各逊遁以求免③。吾恐董狐将执简而进矣④。"

【注释】①石头:在江苏南京市石头山后。②僚:官僚。③逊遁:逃遁。④董狐:春秋晋国良史之名。执简:手持简册。这里指史官执简书之。简,竹简。古未有纸,载文于简。

【译文】晋朝的钟雅,字彦胄,年少的时候就很有才干和志气了。后来做官一直升到了侍中。当时苏峻造反,军队已经到了名叫石头的地方,朝上的百官都逃跑离散,只有钟雅独自在皇帝的身边护卫。有人对他说:"觉得能行就前进,知道困难就退下来,这是古人的道理。你的性情诚实正直,一定不能被敌人所包容。何不择机逃走而在这里坐以等死呢?"钟雅回答说:"国家有了乱事却不能够去匡正平息,国君有了危险却不能够去救济,反而各自逃遁来求得幸免。我担心董狐将要拿着竹简来写他们不忠的行为了。"

五十八　谒之引颈

谒之正谏
言直志高
临刃不变
齐帝投刀

【原评】历代忠臣,以杀身成名者多矣!然在忠臣,初无成名之心也。谒之白刃临颈,辞色不变,何尝有取名之心乎?特杨愔欲救之,故为此言耳。文宣帝亦不愿自侪于桀纣。而谒之卒以成名,千古不朽矣!

【原文】 北齐裴谒之,字士敬,少有志节,好直言。文宣帝末年昏纵①,朝臣罕有言者。谒之上书正谏,言甚切直。帝将杀之。白刃临颈②,辞色不变。帝曰:"痴汉何敢尔?"杨愔曰:"此子望陛下杀之,以收后世名。"帝投刀曰:"小子望我杀尔以取名,我终不成尔名也!"遣人送去。

【注释】 ①**末年**:晚年。**昏纵**:昏乱放纵。②**白刃**:锋利的刀。

【译文】 南北朝时北齐的裴谒之,字士敬,年少时就有志气和节操,喜欢直言说实话。文宣帝晚年时昏乱放纵,朝中臣子很少有敢去说话的。裴谒之上书给皇帝直言规劝,言辞说得非常切实忠直。文宣帝生了气,要杀他。锋利的刀靠在他的项颈上,裴谒之的言辞和神色都没有改变。文宣帝说:"你这个痴人怎么敢这样呢?"杨愔说:"这个痴人希望皇上杀了他,以收后世的名望。"文宣帝听了,把刀扔了说道:"你希望我杀了你来求取名声,我终究不会成全你的名声的!"于是派人送他离开。

五十九　处俊至忠

唐郝处俊谏分朋,二后摄政,竭力纠绳。

【原评】 先君谓郝处俊预杜祸乱,武氏虽不信任,然高宗崩后,亦未闻贬斥。其时直臣颇多,如王义方之叱李义府、王求礼、苏良嗣、李昭德之锄奸佞,杜景俭、徐有功、李日知之用法平恕,均公忠自矢者也!

【原文】唐郝处俊因高宗观音乐,使雍王贤主东朋①,周王显主西朋,角胜为乐。乃以推黎让枣谏②。上以为远识。上苦风眩③,议使天后摄政④。处俊曰:"魏文帝著令:'虽幼主不许皇后临朝,以杜祸乱⑤。'奈何不传之子孙,而委之天后乎?"中书侍郎李义琰曰:"处俊之言至忠。"上乃止。

【注释】①主:主持;掌管。朋:即赤县与太常音技分东西朋,因以角胜。②推黎(梨)让枣:指兄弟友爱。推梨,典出《后汉书·孔融传》李贤注引《融家传》:"兄弟七人,融第六,幼有自然之性。年四岁时,每与诸兄共食梨,融辄引小者。大人问其故,答曰:'我小儿,法当取小者。'"让枣,典出《南史·王泰传》:"王泰数岁时,祖母集诸孙侄,散枣栗于床,群儿皆竞取,泰独不取。问之,答曰:'不取,自当得赐。'"黎,同"梨"。③风眩:眩晕的一种。又称风头眩。④摄政:代国君处理国政。⑤杜:堵塞。

【译文】唐代的高宗皇帝去观音乐时,让雍王贤掌管东边的乐队,让周王显掌管西边的乐队,要求两边作乐较量出胜负,郝处俊就用古人推梨让枣,兄弟友让的故事去劝谏皇上。皇上听了,认为他的见识高远。高宗皇帝对自己的风头眩病感到痛苦,思量着要让武后去代理国政。郝处俊说:"从前魏文帝立下了一条命令:'即使是年幼的君主,也不许皇后临御朝廷来代理国政,以防止祸乱。'为什么皇上不把国政传交给子孙,反而交付给皇后呢?"中书侍郎李义琰也说:"郝处俊说的这番话,是最为忠心的。"于是皇上才打消了这个念头。

六十　仁杰直奏

仁傑直奏面折廷爭
武后止拜問以譖卿

【原评】先君曰："狄梁公，忠臣也。颇有机变；所行德政，为万姓感戴；从谏如流，选贤任能，至公无私。人且称其天下桃李，悉在公门。虽相武氏，而时以复唐为念。故中宗睿宗，均念其功，屡为追赠。"

【原文】 唐狄仁杰好面折廷争①,高宗每许之。武后僭政②,亦屡屈意从其谏奏焉。后谓曰:"卿在汝南③,甚有善政。欲知谮卿者乎④?"答曰:"陛下知臣无过,臣之幸也!不愿知谮者名。"每入见,武后常止其拜,曰:"每见公拜,朕亦身痛。"及薨⑤,武后泣曰:"朝堂空矣!天夺吾国老何太早耶⑥!"

【注释】 ①面折廷争:当面指责别人的过错,在朝廷上争论。指直言敢谏。②僭政:僭号摄政。③汝南:注释见前。④谮:指无中生有地说人坏话。⑤薨:古代称诸侯之死。后世有封爵的大官之死也称薨。⑥国老:指国之重臣。

【译文】 唐朝的狄仁杰喜欢直言敢谏,高宗皇帝常常称许他。后来武后僭号摄政,也屡次委屈心意听从狄仁杰的谏议。后来武后对他说:"你在汝南做官的时候,有着非常好的政绩。可是当时很多说你坏话的人,你想要知道这些中伤你的人吗?"狄仁杰回答道:"皇上您知道我没有过失,这就是我的幸运了!我不想要知道中伤我的人的名字。"狄仁杰每次入殿去见武后的时候,武后常常阻止他下拜,说:"每次看见你下拜,我的身子也会觉得痛。"等到狄仁杰死了,武后低声哭着说:"从此以后,朝堂里就没有人了!上天为什么这么早就把我的重臣夺走了呢!"

六十 仁杰直奏

六十一　嘉贞言路

嘉贞虽贵
弗立田园
恐塞言路
不坐诬言

【原评】律例诬告反坐，嘉贞既被诬告，玄宗令坐告者，理所当然也。乃以恐塞言路止之。其忠不可及矣！至不立田园，步武孔明之法，许止净谓嘉贞不为子孙立田园，而子孙相继为相，正可谓善立田园也！

【原文】 唐张嘉贞历秦梁二州都督①，政以严办。或告其反，按无状②。帝令坐告者③。嘉贞曰："恐塞言路，且为未来之患。"帝以为忠，迁中书令④。嘉贞虽贵，不立田园。有劝之者，答曰："近世士大夫，务广田宅，为不肖子孙酒色费。我无是也。"子延赏，孙宏靖，皆同平章事⑤。时号"三相张家"。

【注释】 ①**秦州**：今甘肃天水市秦州区。**梁州**：在陕西南郑县东二里。**都督**：领兵者之称。②**按**：检验。**无状**：无罪。③**坐**：入罪。④**中书令**：中书省之长官，宰相之职。⑤**同平章事**：摄宰相之职者。

【译文】 唐朝的张嘉贞，曾经做过秦州梁州两个地方的都督，处理政事很严。有人向皇帝打报告说张嘉贞造反了，但却没有查到他造反的证据。皇帝下令要把那个诬告的人治罪。张嘉贞就说："若是把那个人判罪，恐怕会堵塞进言之路，而且还是将来的隐患。"皇帝认为张嘉贞忠心为国，就把他升做了宰相。张嘉贞虽然地位高贵了，可是他不给家里置办产业。有人去劝他，他回答道："现在的士大夫，致力于扩大田宅，结果那些田宅最后成为了不肖子孙的酒色费用。我没有这样做。"后来他的儿子张延赏，孙子张宏靖，都做到了副宰相的大官。那时候的人号称他们为"三相张家"。

六十一 嘉贞言路

六十二　韩休峭鲠

韓休為相
玄宗無歡
言之必盡
帝退乃安

[原评] 韩公为人峭直，不干荣利。萧嵩荐休志行，遂拜黄门侍郎同平章事。初，嵩以休柔易，故荐之。休临事或折正嵩，凡时政得失，言之未尝不尽。宋璟闻之曰："不意韩休乃能如是！所谓仁者之勇也。"

【原文】 唐韩休性峭鲠①。及为相,守正不阿②,甚允时望③。玄宗尝猎苑中,或大张乐,必视左右曰:"韩休知否?"已而疏至。尝引鉴④,默不乐。左右曰:"韩休为相,陛下无一日欢,何不逐之?"帝曰:"吾虽瘠⑤,天下肥矣。萧嵩顺旨,吾退不安;韩休力争,吾退乃安。吾用韩休,为社稷耳,非为身也!"

【注释】 ①峭鲠:严正刚直。②阿:迎合,偏袒。③允:允当,符合。④鉴:镜子。⑤瘠:身体瘦弱。

【译文】 唐朝韩休,生性严正刚直。等到做了宰相,处理事情公平正直,不讲情面,因此他在当时的声望非常允当。玄宗皇帝曾经在宫里中禁苑里打猎,或者大肆表演音乐,必定看着左右的人说:"今天的事情,韩休知道不知道?"过不多久韩休的奏章就到了。玄宗曾经持镜照面,沉默不语,心中很不高兴。左右的侍从就说:"韩休做了宰相后,皇上没有一天欢乐的日子,何不把他驱逐出去呢?"玄宗皇帝说:"他做了宰相后,我虽然身体瘦弱了,但是天下的百姓都长肥了。萧嵩很顺从我的意旨,我当时觉得很高兴,可是退下去之后我的内心就会觉得不安;韩休虽然竭力辩争,我当时觉得烦恼,可是退下去之后我的心里就安然了。我用韩休做宰相,是为了国家社稷,不是为了我自己啊!"

六十二 韩休峭鲠

六十三 张巡杀妾

张巡食尽
坚守睢阳
罗雀掘鼠
杀妾为粮

【原评】先君曰:"张睢阳,名将也。行兵不依古法,使兵识将意,将识士情。器械取之于敌,未尝自备。守睢阳时,以寡击众,以弱制强,保江淮以待救兵,慷慨激励,与城同亡。其声名与许远辈,均可千古不朽矣!"

【原文】 唐张巡守睢阳①,被尹子琦久围,城中食尽。巡谓许远曰:"睢阳,江淮保障②,若弃之去,是无江淮也。不如坚守以待,罗雀掘鼠充饥。"鼠雀尽,巡出爱妾,杀以食士。城中莫有叛者。城陷,巡西向再拜,与南霁云、雷万春等三十六人皆被杀。李翰为之传,表请追赠,官其子孙。

【注释】 ①睢阳:故城在今河南商丘市南。②江淮:今江苏安徽之地。保障:起保障作用的事物。

【译文】 唐朝的张巡守着睢阳城,被尹子琦久久围困,城中的粮食都吃完了。张巡对许远说:"睢阳城是江淮一带的保障,若果弃城离开,那就没有江淮了。不如我们坚决守卫,等候救兵,没有粮食就用网捕捉鸟雀和掘地挖老鼠来充饥。"等到老鼠和鸟雀都吃完了,张巡就把自己心爱的小老婆杀了给士兵们吃。因此城中没有人想背叛的。城头被攻陷以后,张巡就朝着西方拜了两拜,和南霁云、雷万春等一共三十六人都被杀死了。李翰为他立传,上表章给皇帝请求追封他的官爵,封官给他的子孙。

六十三 张巡杀妾

六十四　廷玉何悔

唐蔡廷玉
不轨不从
忠义何悔
下狱从容

【原评】余家远祖蔡仲,受成王之命曰:"惟忠惟孝,尔乃迈迹自身。克勤无怠,以垂宪乃后。"载在《周书》,图传家乘。故我蔡氏用式祖训,历朝来忠臣孝子,代有闻人,史册昭垂,不可胜数。兹敬录一则以概之。

【原文】

唐蔡廷玉,昌平人①。德宗时,朱泚为幽州节度使②,谋不轨③。廷玉在幕府④,不从,被囚岁余。出之,泚曰:"而今亦悔乎?"廷玉曰:"导以为逆,即悔;勉以忠义,何悔之有?"复系之,问曰:"能省过否?不尔且死!"廷玉曰:"不杀我,公得名;杀我,我得名。"泚不能屈,待之如初。

【注释】

①**昌平**:今北京市昌平区。②**幽州**:故治在今北京市大兴区西南。**节度使**:官名。凡军官之政,用人理财,皆得主之,世谓之"藩镇"。唐睿宗时始置。玄宗天宝初,于沿边重地设九节度使,一经略使,总揽辖区内军政。安史之乱后,内地也设节度使,辖二、三州至十余州不等。③**不轨**:不法。④**幕府**:古时军队主将的府署设在帐幕内,因称。后也称军政大官僚的府署。

【译文】

唐朝的蔡廷玉,是昌平人。唐德宗时,朱泚在幽州做节度使,图谋造反。当时蔡廷玉正在朱泚的幕府中做事,不肯跟从他谋反,就被朱泚关在了牢里一年多。朱泚把他放了出来,对他说:"你现在悔改了吗?"蔡廷玉说:"假使我劝导你做了谋逆的事,我立刻悔改;现在我用忠义来勉励你,有什么可悔改的呢?"朱泚听了,就又把他囚禁起来了,问他道:"你现在能反省自己的过失了吗?不然就处死你!"蔡廷玉说:"你不杀我,你得着了名声;你杀了我,我得着了名声。"朱泚不能使他屈服,于是就像从前一样地对待他了。

六十四 廷玉何悔

六十五　韩琦撤帘

韩琦为相
奏对方严
请后还政
厉声撤帘

【原评】韩公处危疑之际，知无不为。或曰："公所为诚善，万一蹉跌，身家不保。"琦曰："人臣尽力事君，死生以之。至于成败，天也。"闻者悚服。王安石创新法，议开边，琦上疏力谏。上曰："琦真忠臣！虽在外不忘王室。"

【原文】宋韩琦为相，喜愠不见于色。仁宗崩，英宗年幼，曹太后临朝。两宫交构①，琦决大策以安社稷。琦欲太后撤帘还政②，乃取十余事禀上。上裁决悉当。琦即诣太后覆奏。后每事称善。琦因求去。后曰："相公不可去，我当居深宫耳！"遂起，琦即厉声命撤帘。帘落，犹见后衣也。

【注释】①交构：亦作"交搆"、"交遘"。离间；播弄是非。②撤帘：封建时代，皇帝年幼，由其祖母或母亲执政，谓之垂帘。归政谓之撤帘。

【译文】宋朝的韩琦在做宰相时，他的喜怒不会显现在脸色上。仁宗皇帝死时，英宗皇帝的年纪还幼小，曹太后就临朝代理国事。可是英宗和曹太后之间出现了很多搬弄是非的事，于是韩琦决定出一个大策略来安定国家。韩琦想要太后归还政权，于是就拿了十几件事去禀报皇上。皇上判决得都很适当。韩琦就到曹太后那里去覆奏，并奏明是皇上判决的。曹太后对皇上判决的每件事都称赞说好。韩琦于是就向太后请求罢官离去。太后说："宰相不能离开，是我应当回到深宫里去了！"于是就起身了。韩琦立刻大声命令撤掉帘子。那帘子收落的时候，还看得见曹太后离去时的身影。

六十五 韩琦撤帘

六十六 富弼防意

【原评】先君谓郑国公始终劳谦(郑国公:富弼之封号),有仁人之量,名闻夷狄。辽使每至,必问其出处安否。言不妄发,当其敢言,奋不顾身。忠义之性,老而弥笃,须臾未尝忘朝廷。至其屡疏君子小人之辨,尤为千古不易之定论。

【原文】宋富弼守口如瓶①，防意如城。受命使契丹②，闻一女卒。再往，闻一男生。皆不顾。得家书，未尝发，辄焚之，曰："徒乱人意。"上屡迁屡辞。以司空致仕③，深居不出，谢客。常令二苍头掖之以行④。一日，与邵雍论天下事，喜甚，不觉独步下堂。雍戏曰："忘却拄杖矣！"年八十薨，谥"文忠"。

【注释】①守口如瓶：闭口不谈，像瓶口塞紧了一般。形容说话谨慎，严守秘密。守口，紧闭着嘴不讲话。②契丹：国名。东胡族，有今东北三省及河北省北部，并内外蒙古之地。公元907年耶律阿保机统一契丹及邻近各部，于916年建立契丹政权，后改国号为辽，与五代、北宋并立。③司空：古代官名，管理工程事项。④掖：用手扶着别人的胳膊。

【译文】宋朝时的富弼说话谨慎，严守秘密，对待私心杂念像守城防敌一样严格遏止。有一次，他受皇帝之命出使到契丹国，便听说家里的一个女儿死了。第二次出使到契丹国的时候，又听说家中生了一个男孩。他两次都没有去理会。收到家里的来信，他不曾拆开来看，就把家信用火烧了，说道："看了只会扰乱人的心情。"皇上屡次要给他升官，他每次都推却不受。后来做到了司空，他就辞官回乡，住在家里不出门，谢绝一切来访的客人。他常常让两个家仆在两旁扶着他走。有一天，他和邵雍在谈论着天下的事务，心里非常欢喜，不自觉地独自一个人走到了堂下。邵雍开玩笑说："你忘记拄拐杖了！"后来一直活到了八十岁才去世，谥号"文忠"。

六十七 昌世迎驾

【原评】一司理耳,而能于房势猖獗,官吏皆遁之时,从容独力迎驾入城。其尽忠为国何如耶?况当南渡之秋,宋室存亡,危于累卵。设非孤忠接驾,则江山半壁,能否偏安,且难逆料。其剸衣诏之也宜矣!

【原文】宋何昌世，字正卿。高宗南渡时，任台州司理①。时虏势猖獗，官吏望风遁去，昌世守职。迎驾入城，上问曰："卿见为何官？"曰："台州司理何昌世也。"慰劳再三，翦御衣尺许，书云："朕南渡以来，事力未辨②，独汝能尽忠为国。可执此为照，特改宣教郎③。"除大理寺丞④，终司农少卿⑤。

【注释】①台州：即今浙江临海市。司理：官名，即司理参军，掌狱讼勘鞠之事。②事力：谓趋事用力之人。③宣教郎：官名。宣德郎改名。北宋徽宗政和四年，因宣德郎与宣德门相犯，诏改宣德郎为宣教郎，为从八品文臣寄禄阶官。④大理寺：官署名。中央司法机构。北齐定制，历代沿置，掌司狱定刑，长官为大理寺卿。丞：佐官名。秦始置。汉以后，中央和地方官吏的副职有大理丞、府丞、县丞等。⑤司农：官名。汉始置，掌钱谷之事。亦称大司农，为九卿之一。少卿：官名。大卿的副职。

【译文】宋朝的何昌世，字正卿。高宗皇帝南渡的时候，他担任台州的司理参军。当时金兵的势力非常强盛，恣意横行，官吏们看到风头动静不对就都逃跑离开了，只有何昌世还在坚守着他的岗位。高宗逃到了台州，何昌世就去迎接皇上进了城。皇上问他："你现在是什么官职？"何昌世回答道："我就是台州的司理参军何昌世。"高宗皇帝于是重重地慰劳了他，并把龙袍剪下了一尺多长，写道："我自从到了南方以后，一切办事用力的人都未能分辨，只有你能够这样地尽忠报国。可以拿这个作为护照，特地改任你为宣教郎。"后来何昌世又做了大理寺丞，最后做到了司农少卿的官职。

六十八　秀夫负帝

秀夫报国
鞠旅勤王
厓山负帝
投海而亡

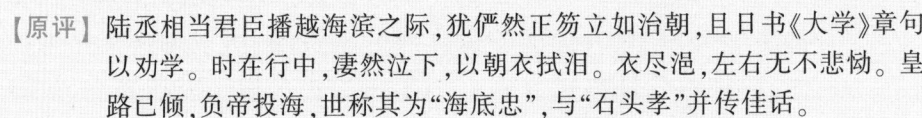

【原评】陆丞相当君臣播越海滨之际，犹俨然正笏立如治朝，且日书《大学》章句以劝学。时在行中，凄然泣下，以朝衣拭泪。衣尽浥，左右无不悲恸。皇路已倾，负帝投海，世称其为"海底忠"，与"石头孝"并传佳话。

六十八 秀夫负帝

【原文】宋陆秀夫，盐城人①。元兵执恭宗，益王卫王走温州②，秀夫追从之。至福州③，奉益王即位。王殂，群臣欲散。秀夫曰："度宗皇帝一子尚在，古有一旅一成中兴者④。"乃立卫王，徙居厓山⑤。迨厓山破，秀夫驱妻子先入海，即负帝投水。后宫及诸臣多从死者，尸出于海十余万人。

【注释】①盐城：今江苏盐城市。②益王：名昰，度宗长子。卫王：名昺，度宗少子。温州：即今浙江永嘉县。③福州：即今福建闽侯县。④一旅：五百人。一成：方十里。⑤厓山：又名厓门山。在广东新会市南大海中。与汤瓶嘴对峙如门，形势险要。宋绍兴时置厓山寨，为扼守南海门户。山巅有奇石，明御史徐瑁刻其事以示后。

【译文】宋朝末年时的陆秀夫，是盐城人。当时元朝的兵士捉拿了恭宗皇帝，益王卫王就逃跑到温州去了，陆秀夫也追随着他们。到了福州，众人尊奉益王就位做了皇帝。后来益王死了，群臣都想逃散。陆秀夫就说："度宗皇帝的一个儿子还在，过去有全国只剩下五百个人、十里之地也重新兴盛起来的例子。"于是立了卫王做皇帝，迁居到广东海中的厓山。等到后来厓山又被元兵攻破了，陆秀夫就迫使自己的老婆和孩子先投入海中，然后自己就背着皇帝投入水中。后宫里的人和一班臣子有很多都跟着死了，后来尸体在海面上浮出来，有十多万人。

六十九　绛山瘗烬

完颜绛山既忠且信
奉命焚轩瘗君余烬

[原评] 完颜绛山明知元兵之不能遗己也，徒以人各事其君。君有天下十余年，功业弗终，身死社稷，不忍使其暴，露遗骸，与士卒相等耳。落落数言，竟得毕葬余烬，再拜号哭，将赴汝水死。彼军士且救之矣。

【原文】金哀宗自缢①,权点检斜烈等从死②,遗言焚幽兰轩③。火方炽,城破,众皆遁,奉御完颜绛山独留④。元兵入,执问故。曰:"吾君终于是,吾候火灭灰寒,瘗其骨耳。"兵曰:"若狂者邪?命且不保,能瘗而君邪?"曰:"果瘗吾君,虽寸斩不憾矣!"兵以告其帅。曰:"此奇男子也!"许其瘗而免之。

【注释】①金:金之先为女真,姓完颜氏,宋时灭辽攻宋。有今东三省、黄河流域各省,及江苏安徽淮北之地,后为蒙古所灭。②权:摄官。点检:官名。掌侍卫扈从之事。③幽兰:轩名。④奉御:近侍局之官。

【译文】金国的哀宗皇帝因为元朝的军队快要把京师攻破了,就上吊自杀了。代理点检官职的斜烈等人都跟从哀宗一同赴死,临死前,留下话说把哀宗吊死的房屋幽兰轩用火烧了。火头正烧得旺盛的时候,城头就被攻破了,众人都逃走了,只有担任奉御官的完颜绛山独自留了下来。元兵进城后把他捉住了,就问他不逃走的原因。完颜绛山说:"我的国君死在了这里,我要等大火熄灭,灰冷了之后,去收葬他的尸骨。"兵士说:"你是个疯狂了的人吗?你自己的性命尚且不能保住,还能埋葬你的国君尸骨吗?"完颜绛山说:"要是果真能够为我的国君埋葬尸骨,那么即使把我碎尸万段也不遗憾了!"元兵把这件事向元帅报告了。元帅说:"这真是个奇男子!"于是就答应让完颜绛山给哀宗埋葬尸骨,并且赦免了他的罪。

六十九 绛山瘗烬

七十　绍宗生奠

绍宗闻寇大书壁间命妻生奠一去不还

【原评】尽忠报国者多矣！至大书于壁，自命妻孥生奠以诀，则上下数千年未之有也！其以卫民为心，仁矣；密令游兵间道焚舟，智矣；追贼海岸，陷淖中犹刃贼数十，勇矣。其妻携孤入奏，勒碑旌之，不亦宜乎？

【原文】明易绍宗为象山县钱仓所千户①。倭登岸剽掠②,绍宗大书于壁曰:"设将御敌,设军卫民。纵敌不忠,弃民不仁。不忠不仁,何以为臣?"书毕,命妻孥具牲酒生奠之③,诀而出。密令游兵间道焚贼舟④,贼惊救。绍宗格战,追至海岸,陷淖中⑤,手刃数十贼,遂被害。朝廷勒碑旌之。

【注释】①象山:浙江县名。钱仓:所名。千户:卫以下五品之官。②倭:指日本。剽:抢劫。③生奠:相当于俗言活祭。④间道:偏僻的或抄近的小路。⑤淖:泥。

【译文】明朝的易绍宗,是象山县里钱仓所的千户官。那时候,日本强盗上岸来攻抢劫掠。易绍宗就在墙壁上大笔写下道:"设置将官防御敌人,部署军队保卫百姓。纵放敌人不忠,抛弃百姓不仁。不忠不仁,怎么做臣子?"写完了以后,命令老婆孩子们准备牲酒来生祭他,然后和家人诀别离去。他秘密命令游兵从僻路过去,把日本强盗的船用火烧了。强盗知道后非常惊慌,就急忙回去抢救。易绍宗就和强盗大战,追到海岸边,陷入了泥淖中,他亲手杀死了几十个日本强盗后,就被强盗们杀害了。朝廷把他的事迹刻在石碑上以表彰他的忠义。

七十 绍宗生奠

七十一　钟同感马

【原评】许止净谓赵襄遇刺,过桥马惊;侯景将败,马卧不起;至钟公之马,初欲救主于生前,终竟殉身于死后。方诸烈士,何以加焉?殆亦公忠义之气,有以相感者欤!斯人斯马,足以愧天下怀二心以事君者。

七十一 钟同感马

【原文】明钟同幼入吉安忠节祠①,见所祀欧阳修杨邦乂诸人,叹曰:"死不入此,非夫也!"景泰间②,官御史。因上疏论时政及沂王事③,策马出。马伏地不肯起,同叱曰:"吾不畏死,尔奚为者!"马犹盘辟再四乃行④。同死,马长号数声,亦死。英宗复辟,赠同大理寺丞,谥"恭愍",祀忠节祠。

【注释】①吉安:今江西吉安市吉安区。②景泰:景帝年号。③沂王:故皇太子朱见深。④盘辟:盘旋进退。

【译文】明朝时的钟同年幼时进入吉安县的忠节祠里,看见祠里所祭祀着的欧阳修、杨邦乂等几个人,于是感叹说:"我死了以后不能进入这个忠节祠,那就不是丈夫了!"景泰年间,钟同做了御史官。因为要去向皇帝上奏章讨论时政和故皇太子沂王的事情,所以骑马出去,可是那匹马伏在地上不肯起来。钟同大声呵斥道:"我不怕死,你为什么这样子呢?"那匹马盘旋进退了好几次才走。钟同死了以后,那匹马长叫了几声,也死了。后来英宗复位,追封钟同为大理寺丞,谥号为"恭愍",入祀忠节祠里。

七十二 杨爵泰然

杨爵濒死之庭，泰然释之。既复呼妇，遂屏前。

【原评】许止净曰："世宗昏庸暴戾，以奸邪为腹心，嫉忠良如寇仇。明之亡，盖基于此矣！爵等幸得神佑，至再至三。不然，已先张经杨继盛而为冤死鬼矣！临终而大鸟至。爵或伯起之再来欤？"

【原文】明杨爵官御史，直言极谏，下诏狱榜掠①，死而复苏。爵处之泰然。帝扶鸾宫中②，感乩仙语，立出之。未逾月，复令东厂追执之③。爵抵家甫十日，校尉至④。与共麦饭毕，即就道。尉曰："盍处置家事？"爵立屏前，呼妇曰："朝廷逮我，我去矣！"观者为泣下。后以大高元殿灾⑤，诏急释之。

【注释】①**榜掠**：笞击，拷打。榜，用棍子或竹板子打。②**扶鸾**：即扶乩。在扶乩中，神明会附身在鸾鸟身上，写出一些字迹，以传达神明的想法。鸾鸟是中国古代传说的神鸟，是西王母的使者。因此扶鸾有传达神谕的意思。③**东厂**：明成祖设立的特务机构，内监掌权者办事之公署，专司缉案。权力在锦衣卫之上。④**校尉**：即锦衣所隶之卫士。⑤**大高元殿灾**：在明嘉靖二十六年十一月，宫里的大高元殿发生火灾。

【译文】明朝的杨爵做御史官的时候，用了很正直的言论去劝谏皇帝，结果皇帝生了气，就把他关进牢狱，并用刑具拷打他。杨爵被打得昏死过去又苏醒了，他心里仍然安然，一点儿也不忧虑。有一天，皇帝在宫里扶乩，被乩仙的话感动了，就立刻释放了他。还不到一个月后，皇帝又命令东厂去追捕捉拿杨爵。当时杨爵回到家里才十天，来捕他的校尉就到了。杨爵和他一起吃完麦饭后，马上就上路了。校尉说："为什么不处置好家事再走呢？"杨爵就站在屏风前，喊着妻子说："朝廷来逮捕我了，我要离开了！"旁观的人都为他们流下了眼泪。后来因为宫里的大高元殿有了火灾，皇帝才下诏迅速释放了杨爵。

七十三　齐姜重国

齐姜重国
以袵席轻
谋为社稷
醉舅犯於行夫

【原评】齐姜以公子重耳去晋，晋无宁岁，天未亡晋，有晋国者，非重耳不可。故杀其蚕妾，勉其良人。不听，则谋于其舅，醉之以行。宁捐袵席之私，望以社稷之重。其忠于公子也，实其忠于晋国也。姜也贤乎哉！

【原文】周晋公子重耳与舅犯奔齐①。桓公妻以齐姜②,遇之甚善。有马二十乘,公子安之。子犯知公子之安齐也,欲行而患之,与从者谋于桑下。蚕妾在焉③,告姜氏。姜杀之,言于公子,勉其以晋国为重。公子不动。姜以《周诗》喻之④,公子不听。姜与舅犯谋,醉,载之以行。秦穆公乃以兵内于晋⑤,是为文公。迎齐姜以为夫人,遂霸天下。

【注释】①奔:逃亡。②齐姜:因齐国是姜姓,故齐国之女皆称姜。③蚕妾:饲养蚕的人。④周诗:逸诗,"莘莘征夫,每怀靡及。夙夜征行,不遑启处,犹惧无及"。⑤内:同"纳"。

【译文】周朝时晋国公子重耳和他的舅舅子犯逃到齐国去了。齐桓公把齐姜嫁给重耳做妻子,并且对待他非常的好。重耳有马八十匹,便很安心地在齐国住下了。子犯知道重耳已安于留在齐国了,他打算离开齐国,又担心重耳不肯走,于是就和随从重耳一起逃亡的人在桑树下商量这件事。一个养蚕的小妾当时就在树上,她把这件事报告了姜氏。姜氏怕泄露消息,便把她杀了,然后对公子重耳说了,勉励他要以晋国为重。公子重耳听了,心里不为所动。齐姜就用《周诗》来开导他,公子重耳依旧不肯听从她。齐姜便和舅犯商量,用酒把重耳灌醉了,然后用车子载了他离开齐国。后来秦穆公就用军队把公子重耳送到晋国去,重耳后来做了晋文公。晋文公把齐姜迎回晋国当夫人,于是晋文公称霸天下,成为春秋五霸之一。

七十三 齐姜重国

七十四　虞娟谏君

虞娟直谏
惓惓忠忱
几濒於死
卒悟君心

【原评】虞娟虑国之危殆，直言以谏，致遭小人之恨，几濒于死。而惓惓忠忱，十余年来，冀幸补一言以救国，未尝一日忘也。卒以自引二罪而再谏，虽死不恨。得悟君心，复强齐国。妇言之不可以已也如是夫！

【原文】 周齐侯因齐立九年,不治政事。佞臣周破胡专权蒙蔽。即墨大夫贤①,日毁之;阿大夫不贤②,日誉之。齐侯夫人虞娟谏曰:"破胡谗谀,不可不去。"齐侯不听。破胡恨娟,中以罪③。有司得破胡赂,诬其词④,上之。齐侯以词不合,召娟自问。娟自引二罪再谏。齐侯察得实,乃封即墨大夫万户,烹阿大夫与破胡,励精图治。齐遂以强。

【注释】 ①即墨:战国时齐邑,在今山东平度市东南六十里康王城。②阿:地名。即今山东省东阿镇(现属平阴县管辖)。③中:受到,遭受。④诬:无中生有,捏造事实害人。⑤悾悾:恳切诚挚。

【译文】 周朝齐国的国君因齐,登位有九年了,却不去治理国家的政事。奸臣周破胡独揽大权,蒙蔽君主。齐国即墨县的大夫贤良,周破胡天天在国君那里诋毁他;阿县的大夫不贤,周破胡却在国君那里天天称美他。齐侯的夫人虞娟就去劝齐侯说:"周破胡好谗毁、阿谀,不能不除掉。"可是齐侯不肯听她的。周破胡知道后,非常仇恨虞娟,就编织罪名中伤、陷害她。审讯官得到了周破胡的贿赂,就捏造了供词上报给齐侯。齐侯因为供词有不符合的地方,就把虞娟召来亲自审问。虞娟自己承认了两种罪名,再去劝谏齐侯。齐侯了解了实情,于是就封即墨县的大夫一万户户口给他做俸禄,把阿县的大夫和周破胡两个人放在锅里煮了,开始勤励、用心地去治理国家。齐国就强大起来了。

七十四 虞娟谏君

七十五　发母数子

子发之母数子自私
叩首谢过然后纳之

【原评】吕坤曰："子发之母，善教子发哉！今之为子发者，滔滔也。不独士分菽粒，又从而剥削之矣；不独己食刍豢黍粱，又充溢于囊橐，狼戾于苞苴矣。噫！岂独将，将何足责哉？读此可愧也夫！"

【原文】周楚将子发攻秦，绝粮。使人请于王，因使问母。母问使曰："士卒无恙乎？"对曰："分菽粒而食之。"又问："将军无恙乎？"对曰："朝夕刍豢黍粱①。"子发破秦归，其母不纳。使人数之曰②："昔句践共醇酒，而战自五也③；共糗糒④，而战自十也⑤。今士卒菽粒，子独刍豢黍粱。虽幸而胜，非其道矣。子非吾子也，无入吾门。"子发叩首谢，母乃纳之。

【注释】①刍：吃草的牲口，如牛、羊。豢：以谷类饲养的家畜，如猪、狗。②数：责备，列举过错。③五：五倍。④糗糒：干粮。⑤十：十倍。

【译文】周朝楚国的将官子发攻打秦国，军队里的粮食都吃完了。子发就派人向楚王请求接济，也让那人顺路去看望子发的母亲。子发的母亲问那差人："军中缺粮，兵士们都怎么样了？"差人说："兵士们把豆子分了吃。"母亲又问将军怎么样呢。差人回答说："将军早晚吃着牛羊犬猪的肉和黄米细粮。"后来子发攻破了秦军，得胜回来。他的母亲关了家门不让他进来，并且叫了人去数落他说："越王句践和兵士们一同饮着美酒，所以这班兵士在战争的时候自然一个能抵当五个敌人；句践又和兵士们一同吃着干粮，所以这班兵士在战争的时候自然一个能抵当十个敌人。现在兵士们吃着粗糙的豆，你却独自享用着牛羊犬猪的肉和黄米细粮。虽然你侥幸打了胜仗，可是并不合于带兵之道。你这样就不是我的儿子，不要进入我的家门来。"子发听了，叩头谢罪，他的母亲才开门让他进来。

七十六 陵母伏剑

王陵之母
知汉必典
杀身固子
万世所称

[原评] 吕坤谓陵母知兴之智,杀身之勇。皆士君子所难,独怪夫陵不暂归楚以全母,何忍母之见拘,而甘心以赴功名之会乎?虽然,陵必未及知也。陵母之死,盖知陵必为己归楚,故先伏剑以安其心耳。

【原文】 汉王陵始为县豪。高祖微时①,兄事陵。及高祖起沛②,陵亦聚众数千,以兵属汉王。项羽与汉为敌国,得陵母,置军中。陵使至,则东向坐陵母,欲以招陵。陵母私送使者泣曰:"为老妾语陵,善事汉王。汉王长者,无以老妾故,怀二心。言妾已死也。"乃伏剑而死③。项羽怒,烹之。陵终与高祖定天下,位至丞相封侯,传爵五世。

【注释】 ①微时:微贱之时。②沛:故城在今江苏沛县东。③伏剑:以剑自刎。

【译文】 汉朝的王陵从前是县里的豪杰。汉高祖尚未出名的时候,把王陵当哥哥一般看待。等到高祖在沛县起义了,王陵也聚合了几千个人,把兵队归属汉王。项羽和汉王是对敌的双方,楚军把王陵的母亲捉了去,困在军队里。王陵派人到楚营来,楚军就把王陵的母亲朝东坐着,意思是想要把王陵招降来。王陵的母亲私下送走使者,流着眼泪说:"代我对王陵说,好好地服事汉王。汉王德高望重,不要因为我的缘故,怀有异心。告诉他说我已经死了。"说着就用剑自刎而死。项羽非常生气,就把她放在锅里煮了。后来王陵终于跟着汉高祖平定了天下,官一直做到了宰相,还封了侯,这个侯爵传了五代。

七十六 陵母伏剑

七十七 青青乞代

> 猩婢青青
> 以身代素
> 主死何生
> 罵賊不懼

[原评] 青青初欲以身代主,继复以身殉主。盖其心中惟知有主,故不计其他耳。吕坤谓青之代素,忠也;不受辱,贞也。忠贞二字,士君子且难,况婢女乎?不录素者何?节女不可胜录,余因录青以见素云。

【原文】 晋翟女素之婢青青，会稽人，史佚其姓①。素为士族之女，已受聘而未嫁。遭贼，贼欲犯之，不从。贼临以白刃，青青乃跪而泣曰："无惊我姑氏②，青青乞代。"贼遂杀素而犯青青。青青曰："吾欲代者，冀全吾主之名节性命耳。今已死矣，吾谁代耶？"贼曰："不从将同死。"青青曰："吾主已死，我何生为？"遂骂贼。贼怒，复杀之。

【注释】 ①佚：散失。②姑氏：指其主。

【译文】 晋朝翟姓女翟素的婢女，名叫青青，是会稽地方的人。因为年代久远，她的姓氏也就不得而知了。翟素是书香人家的女儿，已经许配给人家，但还没有出嫁。有一次遇上了强盗，强盗想要侵犯她，翟素不肯顺从。强盗用锋利的刀架在她身上，逼她就范。青青于是就跪下，哭着对强盗说："不要惊吓我的主人，我青青请求代替她。"强盗就把翟素杀死了，再想侵犯青青。青青就说："我先前想要代她，就是希望保全我的主人的名节和性命。现在主人已经死了，我还去代谁呢？"强盗说："不肯从我的将一同杀死。"青青说："主人已经死了，我还活着做什么呢？"于是就大骂强盗。强盗暴怒之下，又把青青杀死了。

七十七　青青乞代

七十八 苟刘保城

苟妻刘氏
代夫属兵
喻以忠节
得雨保城

【原评】修理战具,一夜悉成;相率守城,拒战百日;均劳逸于将士;斩叛逆之党徒。一妇人耳,而能忠于患难若是。甚且城中绝水,岌岌可危,乃以忠节二字,晓喻城民。竟能感动天心,沛霖解困。忠焉能勿诲乎?

【原文】 北魏苟金龙守梓潼①,兼主关城戍事②。梁主遣众围攻,金龙在病,众甚危惧。其妻刘氏,遂率城民修理战具,一夜悉成。拒战百余日,兵士死伤过半。戍副高景阴图叛③,刘氏斩之。自与将士分衣减食,劳逸必同。井在外城,寻为贼陷,城中绝水。刘氏集长幼,喻以忠节,相率告天。俄而澍雨④,人心益固。会益州援兵至⑤,围乃解。

【注释】 ①梓潼:四川县名。②戍:防守边疆。③戍副:古代驻守一地长官的副职。④澍雨:时雨。⑤益州:即今四川广元市。

【译文】 北魏的苟金龙戍守梓潼县兼管边关防守事务。梁朝的皇帝派兵来围攻关城,苟金龙刚生病,众人都非常担忧恐惧。苟金龙的妻子刘氏于是就带领城里百姓去修理打仗用的家伙,只用了一个晚上的时间就修理好了。和梁朝的军队抵抗了一百多天后,城里的兵士死伤超过一半。这时边关的副守官高景暗地里谋反,刘氏知道后就把他斩杀了。刘氏自己和将士们分着衣裳穿,减省着吃,和将士们同担劳苦,共享安逸。当时的水井是在外城的,不久外城就被敌人攻陷了,关城里便断绝了水源。刘氏把城里老老小小的人都召集来,用尽忠尽节的大道理来开导他们,然后一个接一个地向上天祷告。不一会儿,天上就下起了大雨,因此人心更加稳固了。这时,恰巧益州的救兵也到了,于是关城的包围就解了。

七十九　徐惠匡君

贤妃徐惠
上疏纠绳
帝崩哀慕
愿侍园陵

【原评】长孙后以善谏辅君。后崩,太宗以此后入宫,不闻规谏为怃。乃继其后者复有徐妃,其疏曰:"守初保末(末:终),圣哲罕兼,业大者易骄,愿陛下难之;善始者难终,愿陛下易之。"实为千秋不朽之名言,因附录焉。

【原文】唐徐贤妃,名惠,湖州人①。生五月而能言,四岁诵《论语》、《毛诗》,八岁能属文。遍涉经史,手不释卷。贞观中②,纳为充容③。每应制诗文诰敕④,挥翰立成⑤,词华绮赡⑥。太宗晚年好土木,动干戈,海内骚然⑦。徐充容上疏,陈词宛转,竭尽忠忱。帝纳其言而止。帝崩,哀慕成疾,进药不服,曰:"上遇我厚,得先狗马,永侍园陵⑧,足矣!"卒年二十四。

七十九 徐惠匡君

【注释】①湖州:即今浙江湖州市吴兴区。②贞观:唐太宗的年号。③充容:妃嫔的称号。④应制:特指应皇帝之命写作诗文。诰敕:诰命和敕命的合称。上告下曰诰;诏命曰敕。⑤翰:古代以羽翰为笔,故称笔曰翰。⑥绮赡:富丽。⑦骚然:不安的样子。⑧园陵:帝王的墓地。

【译文】唐朝太宗皇帝的徐贤妃,名惠,是湖州人。她生下来才五个月就能说话,四岁的时候就能读《论语》和《诗经》,八岁的时候就能做文章。她广泛涉猎过经书和史书,还很勤奋好学,书本从不离手。在贞观年间,太宗把她纳进宫里做了充容。每次应皇帝之命写作诗文、诰语和诏命,她总是一挥笔立马就作好了,并且诗文里辞藻华美,文辞富丽多采。太宗晚年的时候喜欢兴土木去建筑宫殿,动干戈去开拓疆土,国内的百姓因此都骚动不安。徐惠就上了一封章疏给皇帝,文中语气宛转,处处表现出她对皇上的忠诚。皇帝就接受了她的话而停止了兴土木和动干戈的事。后来太宗死了,徐惠因哀伤思慕过度而得了病。人家把汤药送进去,她也不肯服下,口里说道:"皇上待我情意深厚,我要是能先皇坟边上的狗马一步,永远侍奉着园陵,就足够了!"徐惠死时年纪只有二十四岁。

八十 钟许悟夫

钟妻激勤
立志莫移
忘身殉国
神必助之

[原评] 人苟立志不坚，每当生死关头之际，有徘徊心焉。绍京设无许氏激其忠忱，在绍京固难免于死。而韦氏之乱，恐未必能肃清矣。一言丧邦，一言兴邦，言之不可不慎也。然亦视其忠心如何耳。

【原文】唐钟绍京为苑总监①。韦氏之乱,临淄王隆基与约诛之②。及期,王夜率刘幽求等入苑,会于廨舍③。绍京悔,欲不从命。其妻许氏曰:"忘身殉国,神必助之。且同谋素定,今虽不行,庸能免乎?"绍京悟,趋出谒王,率丁匠二百余人,执斧锯以从。其夜,斩韦氏及党羽,立相王旦④,是为睿宗。事定,迁中书侍郎⑤,参知机务。后封越国公。

【注释】①苑:蓄养禽兽的地方,古称"囿",汉以后称"苑"。总监:官名。②临淄:今山东淄博市临淄区。③廨:旧时官吏办公的地方。④相:即今河南安阳。⑤中书侍郎:唐代中书省副长官。置二人,正四品上。

【译文】唐朝的钟绍京是宫苑里的总监官。国戚韦氏作乱时,临淄王隆基和钟绍京约定要去诛杀韦氏。到了约定的那一天,临淄王在晚上亲自带领了刘幽求等几个人进到了宫苑里,在公堂里相会。当时钟绍京心里后悔了,想不服从临淄王的命令。他的妻子许氏对他说:"不顾自己的身体为国家献出生命,这样的人,神明一定会帮助他的。况且这个你们一同谋划的计划是预先就确定好的,现在即使你不干,他日一旦事发,怎么能独自免罪呢?"钟绍京听后就觉悟了,马上出去拜见临淄王,带领了家丁和工匠二百多个人,拿着斧头、木锯一同跟随去。当天夜里就把韦氏及其同党都斩杀了,立了相王旦做皇帝,这就是唐睿宗了。等到事局平定以后,钟绍京升任为中书侍郎,并且参与机密的事务。后来封爵做了越国公。

八十一 仆固忠母

【原评】母孰不爱其子哉？仆固怀恩之母，教子勿反而不听，竟提刀逐子，且欲取其心以谢三军。盖为国家杀贼，非为仆固杀子矣！女子三从，其从子尤宜通权达变。李日月母，恨其子死之晚，亦犹此尔。

【原文】唐代宗时,仆固怀恩反。上以郭子仪为关内河东副元帅①。时仆固玚为其下所杀,怀恩闻之,以告其母。母曰:"吾语汝勿反。今众心既变,祸必及我!"怀恩不对而出。其母提刀逐之,曰:"吾为国家杀此贼,取其心以谢三军!"怀恩疾走得免,走云州②。上乃诏辇其母归京师③,给待优厚。月余以疾卒,具礼葬之。功臣皆感叹。

【注释】①关内:在函谷关之内,故名。河东:黄河流经山西与陕西边境时,自北向南称黄河东岸地为河东。唐代以后泛指山西。②云州:即今山西大同县。③辇:古时用人拉或推的车。京师:首都。天子所居曰京师,唐都长安,即今陕西长安县治。

【译文】唐朝代宗皇帝的时候,有个叫仆固怀恩的人造反了。皇上就任命郭子仪为关内河东两地的副元帅去讨伐他。当时仆固玚被他的手下人杀死了,仆固怀恩听到了这个消息后,就告诉了他的母亲。他的母亲说:"我对你说过不要造反,你不肯听。现在人心已经变了,这个灾祸一定会连累到我身上来的!"怀恩没有回答母亲就离开了。他的母亲拿了一把刀去追他,说道:"我替国家把这个贼子杀了,取了他的心肝来向三军谢罪!"怀恩快步跑开才得以逃脱,逃到了云州去。皇上就下诏用车子载怀恩的母亲到京城里来,接待非常优厚。过了一个多月,怀恩的母亲因为生病而死了,皇上就备了礼安葬了她。朝中的功臣见了都很感叹。

八十二　李郑诫子

李母郑氏诫子效忠
惟简奉命屡建奇功

【原评】李郑氏教子以忠,多矣!长子惟岳,不听母训,身死人手;次子惟简,谨遵母命,图画凌烟。同胞兄弟,相去天渊。母教之有关于社稷身家者如此。观其一再诫行,惟冀子之死于王事,不啻王孙贾之母矣(不啻:无异于)。

【原文】 唐德宗幸奉天①。李惟简将赴难,谋于其母郑氏。母曰:"尔父立功河朔②,位宰相。身未尝入京师,致尔兄罔知大义,不遵吾诫,身死人手。尔入朝,虽未见天子,可不效忠乎?"及行,又诫之曰:"尔此去不死王事,吾不子汝矣!"惟简谨受命。斩关出,道更七战,得达行在③。德宗见而厚抚之。后积功封王,图形凌烟阁④。皆母训之力也。

【注释】 ①奉天:即今陕西乾县治。②河朔:谓黄河以北之地。③行在:天子巡幸所居之处。④凌烟阁:图画功臣之处。

【译文】 唐德宗皇帝因国家变故逃到了奉天。李惟简将赴国难,就去和母亲郑氏商量。他母亲说:"你父亲从前在河朔立了功劳,官做到了宰相。我生平没有到过京师里,致使你的哥哥不懂得大义,不遵从我的教训,最后性命丧在别人的手里。你现在到了朝廷里,虽然没有见过天子,难道能不尽心报国吗?"等到李惟简要出门的时候,母亲又告诫他说:"你这次离去,假使不是为国难而死,那我就不把你当儿子了!"李惟简很恭谨地接受了母亲的教诲。他攻破城门而出,一路上经历了七次战事,才得以到达皇帝那里。德宗见了深切地慰问了他。后来李惟简积了很多战功被封到了王爵,他的相貌也被画在了凌烟阁上,以表彰他的功绩。这都是他母亲教诲的力量啊。

八十三 董杨训儿

杨氏训子
不爱己身
死亦无恨
须作忠臣

【原评】 西汉有王陵母，东汉有赵苞母，先后相继，舍身以成子之忠。昌龄母其熟读《汉书》乎！而昌龄不忘母训，卒以降唐。既拜监察御史，犹曰"母之训，臣何能"。其忠也，即其孝也。故求忠臣必于孝子之门也。

【原文】唐董昌龄母杨氏，蔡州人①。蔡州为吴元济所据，昌龄事吴为房令②。母密戒曰："顺逆成败，儿可图之。"昌龄未决，徙郾城③。母复曰："逆贼欺天，神所不福。当速降唐，毋以我累。儿为忠臣，吾死不恨！"会王师逼郾城，昌龄乃降。宪宗喜，即拜郾城令，兼监察御史④。昌龄谢曰："母之训也！臣何能？"宪宗叹异，后封杨氏为北平郡君⑤。

【注释】①蔡州：今河南汝南县治。②房：即今河南遂平县。令：县长。③郾城：今河南漯河市郾城区、源汇区和召陵区。④监察御史：隋始置，唐因之，为御史台察院所属之官。其职掌为分察百僚，巡按郡县，纠视刑狱，肃正朝仪。⑤北平：即今河北卢龙县治。

【译文】唐朝董昌龄的母亲杨氏，是蔡州人。当时蔡州被吴元济占据，董昌龄服事吴元济做了房县的县令。董昌龄的母亲悄悄地告诫他："事情若是顺天而行就能成功，若逆天而行就要失败，你可以反复考虑一下。"董昌龄未能做决断，就被吴元济调到了城去做官。母亲又对他说："吴元济这个逆贼欺骗天子，神明是不会降福给他的。你应当快点投降唐朝，不要因为我而妨碍你。你假若做了忠臣，我就算因此死了，也不会有遗憾的！"恰巧唐朝的军队逼近了郾城，董昌龄于是就投降了。宪宗皇帝知道后很欢喜，就任命董昌龄为郾城的县令，并且兼任监察御史。董昌龄向皇帝辞谢说："这都是我母亲的教训！我有什么能力呢？"宪宗听了非常惊叹，后来就封了杨氏为北平郡君。

八十三 董杨训儿

八十四　陈冯杖子

冯氏治家
忠孝是诲
杖击尧咨
金鱼隆碎

[原评] 吕坤谓严明哉陈母！知善射非太守之职，可不谓明乎？子为达官，而犹以杖击之，可不谓严乎？明而且严，故其三子之皆得显达也。迂者以从子之义责母，谬矣！子正，母从；母正，子从。

【原文】 宋秦国公陈省华妻冯氏①,节度使尧咨之母也②。治家严,三子皆举进士。尧咨守荆南还③,冯氏问曰:"汝典名藩④,有何异政乎?"尧咨惭谢无有,冯氏意不悦。一日,纵言州当孔道⑤,过客与尧咨射,无不让尧咨能者。冯氏大怒曰:"汝父训汝以忠孝辅国家。今不务仁政教化,而专一技自名,岂汝父志耶?"杖击之,金鱼坠碎⑥。

【注释】 ①**秦国公**:封号。②**节度使**:唐代地方军事长官,后发展为总揽一方职权极大的藩镇。③**荆南**:在湖北省治西,旧属荆宜道之地。④**名藩**:指地方重镇。⑤**孔道**:通道。⑥**金鱼**:唐代三品以上官员佩的鱼形金符。

【译文】 宋朝秦国公陈省华的妻子冯氏,是节度使陈尧咨的母亲。冯氏治家非常严谨,她的三个儿子都中了进士。陈尧咨在荆南做太守,有一次他从荆南回来,他的母亲冯氏就问他:"你主管着国家的一个地方重镇,有什么不同的政策表现吗?"陈尧咨觉得很惭愧,带着歉意地回答说没有。冯氏的神情不是很高兴。一天,家里的人在广泛谈论着说陈尧咨管理的州正阻挡着往来的重要通道,过路的客人和陈尧咨较量射箭,没有一个不对他的能力退让的。冯氏听了大怒起来,说:"你的父亲教训你用忠孝来辅助国家。现在你不致力于施行仁政去教化百姓,却专门学了一种技艺来自我称道,这难道是你父亲当初教训你的意愿吗?"便用棍棒击打他,把他身上佩着的鱼形金符都打落在地上跌碎了。

八十四 陈冯杖子

八十五　红玉桴鼓

宋梁红玉佐夫亲执桴鼓助战江中

[原评] 红玉以官妓出身,而能忠心耿耿。亲执桴鼓,助战江中,士气以奋。与兀术相持黄天荡,凡四十八日,兀术大受穷蹙,凿渠潜逃。乃上书劾夫不忠,尤为千古创举。孰谓青楼中无忠荩之人哉?

【原文】 宋韩世忠妻梁红玉，沉毅善断。时金兀术分道入寇，诸屯皆败①。世忠俟其归，邀击江中。红玉亲执桴鼓助战②，士气百倍。兀术终不得渡，尽归所掠，求假道③，不听。益以名马，又不听。后兀术用闽人计，一夕凿渠潜遁④。红玉上书朝廷，言世忠失机纵敌，宜加罪责。高宗以世忠率八千余人，当金兵十万，力扼强寇⑤，赐诏褒慰⑥。

【注释】 ①屯：驻军防守，这里指守卫的兵。②桴：击鼓的槌。③假道：借路。④凿渠：凿通河渠。⑤扼：扼制。⑥褒：嘉奖，表扬。

【译文】 宋朝韩世忠的妻子梁红玉，深沉宁静，善于决断。当时金国的太子兀术兵分几路来入侵进犯，许多地方的守兵都被击败了。韩世忠等金兀术回兵的时候，在江中心截击他。这时梁红玉亲自拿了击鼓的槌，敲鼓助战，宋军士气因此增加百倍。金兀术终究不能渡过江去，于是把抢来的东西都归还了大宋。金军要求借条路走，韩世忠不答应。金军又添加了名贵的马，韩世忠依旧不答应。后来金兀术用了一个福建人的计策，在晚上凿通河渠，秘密地逃跑了。梁红玉就上书到朝廷里，说韩世忠失去军机，放走敌人，应当加以罪责。高宗因为韩世忠只带领了八千人的军队，去抵挡十万人的金军，并且竭力扼制了敌人的侵略，功劳已经不小了，不但没有责罚他，反而下诏去嘉奖、安慰。

八十六　施氏奴事

沈婢施氏
忠主二女
織履傭舂
奴事備舉

【原评】忠婢一见于周大夫主父家，再见于晋节女翟素家，然未若施氏二十岁始为婢也。以及嫁之年为婢，无豢养之恩可言(豢：供养)，乃以佣舂织履缝纫之资，以养主女，尽力奴事，年六十犹挽两髻。能无敬慕乎？

【原文】宋沈氏婢施氏,湖州乌墩镇人①。与沈氏本邻居,年二十,入为婢。会大疫,沈家夫妇相继亡,遗二女,各十数岁,无旁亲可依。施氏即佣舂旁舍②,或织草履,及缝纫之事,得钱以给二女。及长,为择良配,更抚抱其子,尽力奴事。每主人出游,则假守舍物③,无一毫动者。远近皆敬慕之。年六十余,犹挽两髻,以明其为处子云。

【注释】①乌墩镇:在浙江省湖州市吴兴区东南九十里。南宋时避光宗讳,只说"乌镇"。②舂:把东西放在石臼里捣去皮壳。③假守:兼管。

【译文】宋朝沈家的婢女施氏,是湖州乌墩镇的人。她和沈家本来是邻舍。施氏二十岁的时候,就到沈家去做婢女。有一年恰巧碰上瘟疫流行,沈家的夫妻两个接连死去,留下了两个女儿,都是十多岁,没有别的亲戚可以依靠。施氏就在邻舍替人家舂米,或者织草鞋,以及做一些针线活,所得的钱用来给养主人家的两个女儿。等到两个女主人长大了,就为她们选择了门户相当的配偶,而且还带养她们的孩子,尽力做婢女应做的事务。每当主人出外游玩的时候,她就兼管房屋里的东西,没有去动丝毫。远近的人都敬重、仰慕她。施氏年纪六十多岁了,头上还梳着两个髻,来表明她是处子之身。

八十六 施氏奴事

八十七　蓝姐捕盗

[原评] 蓝姐忠且智矣。设其当时不承认司钥，非特危及其主，且危及诸子，危及众婢，抑且危及己身。以毋惊主为要求，而秉烛引，尽取金银器饰。贼方以为助之也，孰知已暗作标识禽之矣，翌晨云乎哉！

【原文】 宋王氏婢蓝姐,从其主寄居清泥寺。主宴客,中夕席散①,夫妇皆醉。盗入,缚诸子及众婢。婢呼曰:"司钥者蓝姐也②。"蓝姐应曰:"然。毋惊我主,乃可。"盗许之。蓝姐尽以钥付盗,秉席间巨烛③,指引之。金银器饰,尽数取去。主人醒,翌晨诉诸县④。蓝姐密告曰:"易捕也。群盗皆衣白。妾秉烛时,尽以烛泪污其背为识⑤。"如其言,果各就获。

【注释】 ①中夕:半夜。②钥:钥匙。③秉:拿着,持。④翌晨:次日早晨。⑤识:标记。

【译文】 宋朝王家的婢女蓝姐,跟随主人寄居清泥寺。有一天,主人家用酒食宴请客人,一直到半夜才散席,夫妻两个人都喝醉了。有强盗进入王家,把家中的几个儿子和所有婢女都用绳子绑了起来。婢女们呼叫道:"管钥匙的是蓝姐。"蓝姐应道:"是的。你们不要使我的主人受惊,我才能把钥匙拿出来给你们。"强盗们答应了她。蓝姐就把所有的钥匙都给了强盗,拿着刚才酒席上用过的大蜡烛,给强盗们照路指引。于是强盗们把金银器具、首饰全部取走了。等到主人酒醒了,知道家中遭了抢劫,第二天早晨就到县里去告状。蓝姐秘密地告诉主人说:"这班强盗容易捉到。强盗们都穿了白色的衣裳。我拿蜡烛照他们的时候,用蜡烛油玷污了他们的背作为记号。"官差们依照她的话去查,果然把所有的强盗都捉住了。

八十七 蓝姐捕盗

八十八　曾晏守砦

晏氏挝鼓
使婢鸣金
败贼守砦
赤胆忠心

【原评】吕坤谓晏恭人岂不伟然一丈夫哉！独立不惧之胆，坚确凝定之志，奋迅激昂之气，经略鼓舞之才，给赡存恤之义，胥见之矣！士君子受专城之寄，民听其死生，城听其坚陷，读此传，两间无容身处矣！

【原文】 宋曾妇晏氏，汀州宁化人①。夫死，守幼子不嫁。绍定间②，寇破宁化，晏依山为砦③。贼遣人索妇女金帛。晏召田丁谕曰："汝曹衣食我家。念主母恩，当用命。不胜，即先杀我。"因解首饰悉与之，田丁感激思奋。晏自捶鼓④，使诸婢鸣金，贼退败。乡人挈家趋砦者甚众⑤。晏以家粮助不给，归者日增。又析砦为伍⑥，互相应援。贼弗能攻。

【注释】 ①**汀州**：即今福建长汀县。**宁化**：故城在今福建宁化县东。②**绍定**：宋理宗年号。③**砦**：同"寨"。守卫用的栅栏、营垒。④**捶**：同"搥"，棒打；敲打。⑤**挈家**：携带家眷。⑥**析**：分。

【译文】 宋朝曾某的妻子晏氏，是汀州宁化县人。晏氏的丈夫死了，她就守着小儿子不肯嫁人。绍定年间，强盗攻破了宁化城。晏氏依山筑了栅栏。强盗派人来索要妇女和金钱布帛。晏氏召集了家里的佃户和家丁，开导他们说："你们穿的吃的都依靠着我家。假若你们记念着主母的恩惠，就应当听从我的命令去杀贼。要是打不过他们，就先杀了我吧。"于是就把首饰全部给了他们。佃户家丁们都很感激，思量着奋发杀贼。晏氏亲自敲着鼓，让婢女们敲着锣，终于把强盗败退了。乡里的人携带家眷奔赴到晏氏那里去避难的很多。晏氏就用家里的粮食救助没粮的人家，因此奔赴而来的一天天增多了。晏氏就又把寨子分为几支队伍，大家互相照应、支援。强盗就不敢来攻打了。

八十九　常哥苦心

> 耶律常哥
> 规文
> 出规眎
> 皇嗣
> 被诬
> 不胜
> 哀痛

【原评】安金藏自剖其心，以明皇嗣无罪。民到于今称之。耶律常哥，女子耳！设使其为男子之身，处金藏之职，吾知其必追踪金藏矣！易地则皆然。观其规时政之切，痛皇嗣之哀，固无时无地不以君为心也！

【原文】 辽太史耶律适鲁妹常哥①,能诗文。咸雍间②,作文规时政③,其略曰:"君以民为体,民以君为心。人主当任忠贤,去比佞④,则政化平,阴阳顺。"辽主洪基善之。大康中⑤,皇子为枢密耶律乙辛所诬⑥,坐废。适鲁谪镇州⑦,常哥与俱。尝布衣蔬食,人问何自苦如此,对曰:"皇嗣无罪遭废,我辈岂可美食安寝乎?"及皇子被害,不胜哀痛。

【注释】 ①**太史**:官名。②**咸雍**:辽道宗耶律洪基的年号。③**规**:以法度劝诫之。④**比**:阿党。⑤**大康**:辽道宗耶律洪基的年号。⑥**枢密**:宰臣之职。⑦**镇州**:当在辽宁境,与唐宋所置者不同。

【译文】 辽国太史官耶律适鲁的妹妹耶律常哥,擅长诗歌文章。在道宗皇帝咸雍年间的时候,她作了一篇文章规劝当时的政治当局,文章大略是说:"君王把百姓当作自己的身体看待,百姓就把君王当作自己的心肝来看待。君王应当任用忠心贤良的人,去除结党谄媚的人,那么政治教化就会平顺,阴阳就会和顺。"辽国的国君洪基看到这篇文章后,认为她说得很好。太康年间,皇太子被宰相耶律乙辛所陷害,获罪被废。耶律适鲁也被贬到镇州去,耶律常哥就和她哥哥一起到了镇州。她在镇州的时候,总是穿着布衣,吃着粗粮。有人问她为什么要这样自寻苦吃,她回答说:"皇太子没有罪却遭到了废弃,我们怎么能够吃着美食,安稳地睡觉呢?"等到皇太子被人杀害时,她感到非常的哀伤、悲痛。

九十 枢女无憾

鲜于枢女
勉子尽忠
死復何憾
千古尊崇

【原评】 人当君亲危迫之际，忠孝每不得两全。为人子者，亦惟视亲心之所安何如耳。亲心安，则尽忠即所以尽孝也。故出必告，反必面，皆以安亲心也。如鲜于氏者，子为忠臣，死无憾，则子之忠，实母之忠耳。

【原文】元太常典簿鲜于枢之女①,江东廉访使伯颜不花的斤之母也②。伯颜不花的斤将援信州③,南望泣曰:"我为天子司宪④,视彼城之危急不能救,何以报天子耶?我他无所恤,所恤者老母耳!"鲜于氏闻之,急勉之曰:"尔为忠臣,吾即死复何憾?"伯颜不花的斤遂间道入福建⑤,以印送御史行台⑥,力守孤城而死。

【注释】①太常:即太常寺,古代掌管宗庙祭祀及礼乐的中央机构。典簿:古代掌管文书图籍的官。②江东:谓长江以东之地。廉访使:元代在各道设肃政廉访使司,掌地方监察。③信州:今江西豫章东北部地。④司宪:任御史官。⑤间道:抄近的小路。⑥御史行台:监临诸省,统制各道宪司者。

【译文】元朝的太常寺典簿鲜于枢的女儿,是江东廉访使伯颜不花的斤的母亲。伯颜不花的斤将要去救援信州,他望着南方,低声哭泣说:"我身为天子的御史官,眼看着信州城情势危急,却不能救援,我用什么来报答天子的恩典呢?我别的没有什么可忧虑的,所忧虑的只有一个年老的母亲罢了。"他的母亲鲜于氏听说了这件事,就赶紧去勉励他说:"你要是做了忠臣,我就算马上死了又有什么遗憾的呢?"伯颜不花的斤于是就抄了一条偏僻的近路进入了福建,把御史的官印送还到了御史行台,然后坚守信州这座孤城,最终战斗到力竭而死。

九十一　朵那全主

忠婢朵那
尽出宝珍
保全主母
拒辱洁身

【原评】朵那，一十九龄婢女耳。勤敏忠笃，其主父官他郡，卒，奉其主母弥谨。故主母亦委以腹心焉(腹心：比喻真心诚意)。弃主母之货财，全主母之生命，权也；既全主母，又能洁身，经也。守经行权，吾于朵那见之矣。

【原文】 元伟兀氏婢朵那,年十九。寇至伟兀家,无所得,反缚主母于柱,以刃砺颈①。诸婢皆散走,朵那以身蔽主母②,请代死,且曰:"家之货宝,皆吾所藏,主母不知也。若免主母,当悉与将军。"寇因解主母缚。朵那乃探金银珠帛等置堂上,任盗取之。已欲犯朵那,朵那持刀欲自杀,曰:"我乃二千石家婢,肯从汝耶?"寇惊异,舍去。

【注释】 ①砺:粗磨刀石。②蔽:遮掩。

【译文】 元朝伟兀氏家里的婢女朵那,年纪十九岁了。有一天,强盗到了伟兀的家里,因没有什么收获,就把女主人反缚在柱子上,用刀口磨着她的脖子。婢女们都离散逃跑了,只有朵那用身体遮蔽着女主人,请求代替女主人受死,并且对强盗说:"家里的货物宝贝都是我一个人亲手所藏的,女主人并不知道。如果你们放过女主人,那么我就把藏着的货物宝贝全部送给将军们。"强盗们于是就解开那女主人的束缚。朵那就摸取了金银珠宝布帛等东西放在堂上,任由强盗们拿走。事情完了后强盗们又想侵犯朵那。朵那就拿了一把刀要自杀,她对强盗说道:"我是领受朝廷二千石俸禄的官家婢女,怎么肯从了你们呢?"强盗们感觉很惊奇,就释放了她。

九十二 云妾哺炜

【原评】 吕坤谓花炜非孙氏所出也,乃能于乱离之际,忍九死以全孤。百折不回,历尽险阻,卒收夫与嫡而合葬焉。贤女淑媛(淑媛:美好的女子),不在贵贱间矣!夫忠于国,妻忠于夫,妾忠于主,孰谓花将军死哉?

[原文] 明花云妻郜氏,每语云报国为忠。云守太平①,陈友谅破城,被杀。郜以子炜付云妾孙氏,投水死。时炜甫三岁,与孙同被掠至九江②。夜投渔家,脱簪珥属养之③。后复窃炜渡江,遇乱军争舟,被弃江中。有断木自上流浮至,附之。入芦渚中④,采莲实哺炜,七日不死。夜半闻人语,呼之,逢雷老与偕行。入京⑤,谒见太祖。遂抚养之。

[注释] ①**太平**:明太平府者有二:一在安徽省当涂县,一在广西崇左市一般认为此在当涂。②**九江**:在今江西省。③**珥**:中国古代的珠玉耳饰。④**渚**:水中的小洲。⑤**京**:南京。

[译文] 明朝大将花云的妻子郜氏,每每对花云说要尽忠报国。花云防守着太平县,后来陈友谅攻破了太平城,花云就被杀死了。郜氏把她的儿子花炜托付给花云的小老婆孙氏,自己就投水死了。当时花炜才三岁,和孙氏一同被乱兵抢掠到了九江。孙氏在夜里逃到了一户渔人家里,脱下自己身上的簪和耳环等之类的东西,向渔人换了钱来养活花炜。后来又偷偷带着花炜渡江,遇上了乱兵正在争船,于是孙氏和花炜两个人都被他们丢到了江里。刚好有一块断木头从江的上流漂浮过来,孙氏就攀附了这块木头,漂到了长着芦苇的小洲中。孙氏采了莲蓬,剥了莲子哺给花炜吃。这样过了七天,两个人都没有死。有一天半夜里,孙氏听到岸上有说话的声音,就呼叫岸上的人。于是就遇见了雷老,便跟着他一起走了。到了京师,拜见了明太祖。于是就把花炜抚养到长大。

九十三　妙善保印

姜妾妙善
藏印荷池
因异告主
投井名驰

【原评】一印也,朝廷命令系之也。妙善藏印于后园荷池,而无以告夫主,乃求忠于孝,得托盛豹以藏印处及葬身处告之。而姜荣乃得取印,并出尸以葬焉。其忠于朝廷,忠于夫主,诏建专祠,千古不朽矣!

【原文】明姜荣通判瑞州①。贼起,荣出走,其妾窦妙善亟取印投园池。出,贼疑为荣妻,舁之出城②。隶中有盛豹者③,父子同被贼驱。其子叩乞纵父,贼许之。窦曰:"是有力,使舁我。"贼从之。舁数里,窦密语豹曰:"我留汝以告太守印处。今当遣汝归,幸告太守。前有井处,吾毕命矣④。"乃言其不善舁,纵之。至花坞,遇井,托言就饮,跃入井中⑤。

【注释】①通判:专治军事之官。瑞州:即今江西高安市。②舁:扛抬。③隶:特指衙役。④毕命:结束生命(多指横死)。⑤跃:跳。

【译文】明朝姜荣在瑞州做通判。盗匪起义的时候,姜荣就出逃了,他的小妾窦妙善急忙拿了官印扔进园林里的水池中。出去的时候就遇到了盗匪,盗匪们以为窦妙善是姜荣的妻子,就把她抬出城去。瑞州衙门有个衙役叫盛豹,和父亲一同被盗匪捉了驱赶着。盛豹叩头请求盗匪放了父亲,盗匪们见他很孝顺,就答应了他。窦妙善就对盗匪们说:"这个人有力气,让他来抬我吧。"盗匪就听从了她。抬着走了几里路后,窦妙善就悄悄地对着盛豹说:"我留下你的性命,是为了托你告诉姜太守官印的所藏之处。现在应当打发你回去了,希望你告诉太守官印的下落。前面有井的地方,就是我结束生命之地。"窦妙善于是就对盗匪说盛豹抬得不好,把他放了。到了花坞的地方,遇见了一口井,窦妙善就借口说要去饮水,然后她就跳到井里去了。

九十三 妙善保印

九十四　周妾劝劾

宋韩二妾
勖主尽忠
青年守节
抚孤以终

【原评】 周宗建二妾,生年月日皆同,劝主尽忠亦同,主没而青年守节抚孤亦同。宗建何幸而得此二妾哉?盖亦宗建忠心浩气之所感也。为妾者能知尽忠即所以尽孝,为主者虽不欲尽忠,亦不可得已。

【原文】 明周宗建二妾宋氏韩氏,吴江人①,生年月日皆同。宗建欲劾魏忠贤,二妾曰:"大丈夫不当如是耶?谏而听,国之福;不听,臣之分②。主无以亲老为念,尽忠即所以尽孝也。"宗建敛容曰③:"尔等乃为此言,吾何憾?"及疏上,得罪。时二妾年皆二十一,宋氏泣谓韩氏曰:"我有二子,各抚一孤以报主,可乎?"韩遂抱其长子鞠焉④。

【注释】 ①吴江:今江苏省苏州市吴江区。②分:职分。③敛容:收起笑容;脸色变得严肃。④鞠:抚养。

【译文】 明朝的周宗建有两个小妾,一个姓宋,一个姓韩,都是吴江地方的人氏,并且两个人出生的年月日都相同。周宗建想要向皇帝弹劾魏忠贤,他的两个小妾都这样对他说:"难道大丈夫不应当这样做吗?您去劝谏皇上,要是皇上听了,这是国家的福分。要是皇上不肯听,这是做臣子应尽的职分。请您不要因为双亲年老而牵挂于心,尽了忠就是尽孝啊。"周宗建听了,神情变得严肃起来,说道:"你们竟然能说出这样的话,我就算得了罪,又有什么遗憾呢?"等到周宗建的奏章上呈给皇帝后,果然得了罪。当时宋氏和韩氏两个人的年龄都是才二十一岁,宋氏流着眼泪对韩氏说:"我有两个儿子,大家各自分别抚养一个孩子来报答主人,可以吗?"韩氏于是就抱了宋氏的大儿子去抚养。

九十四 周妾劝劾

九十五 金章牙牌

金母章氏
從子徇王
牙牌歸報
赴井而亡

【原评】金章氏幼以贤德称,具烈丈夫概,故其勉子尽忠也。则正色以告之,牙牌以约之。及得报,则先称子之孝,复尽己之忠。肃冠帔,告宗祠,从容不迫,赴井以死。铉妾王氏亦从之殉,满门尽忠。呜呼!烈矣!

【原文】明崇祯末①,寇薄都城②。金铉奉命巡视守城,入告母章氏曰:"寇势迫,万一不测,愿母割爱③,得殉王事。"母正色曰:"食禄殉难,汝之分也。吾从汝父及汝,两食君禄,义不逃死。倘事急,解所佩牙牌疾告我④。"因相持恸哭去⑤。后数日,都城陷,铉解牙牌付从者曰⑥:"归报太夫人。"自投御河⑦。母得牙牌曰:"事遽尔耶?孝哉铉也!"遂赴井死。

【注释】①崇祯:明朝思宗皇帝朱由检的年号。②薄:逼近。③割爱:割其所爱,谓放弃心爱的东西。④牙牌:象牙腰牌。⑤恸哭:痛哭。⑥从者:侍从之人。⑦御河:今北京市之玉泉。

【译文】明朝崇祯皇帝末年的时候,流贼李自成进逼北京城。金铉奉了皇帝的命令要去巡守京城,他回到家禀告母亲章氏说:"现在流贼形势急迫,我万一有个不测,希望母亲能割舍掉心爱的儿子,让我得以为国难而牺牲。"金铉的母亲神情严肃地对他说:"吃了国家的俸禄,为国家赴难牺牲,这是你的本分。我跟了你父亲和你,两度吃着国君的俸禄,道义上不应逃避一死。倘若事情紧急,你就解下身上所佩挂的象牙腰牌迅速来通知我。"于是母子两人互相扶持着痛哭了一番才离开。过了几天,北京城被攻陷了,金铉就解下了身上的象牙腰牌交付给侍从,并对他说:"回去报告太夫人。"于是自己投进御河里死了。他的母亲得到了象牙牌后说:"事情怎么这么突然呢?铉儿真是个孝顺的儿子啊!"说完话也跳井而死了。

九十六 兆婢托耕

李婢袁氏
携幼出耕
守城熟识
得脱映庚

【原评】忠婢多矣。而出嫁之婢，能复忠于主家者，实不多得。处屠戮殆尽之境，当搜捕渐急之秋，设无袁氏种种之筹画周密，虽有李氏乳母，映庚其能免乎？知仁勇三者，袁氏兼而有之矣，岂特忠而已哉？

【原文】明西贼陷蜀①,屠士绅家殆尽。李兆子映庚甫九岁,其婢袁氏已嫁应高为妻。乃与其乳母李氏匿之。贼搜捕渐急,袁氏与姑谋,托言至城外事田。每旦,荷畚锸粪除具②,别挟一小子与映庚年相若者③,从城门出,暮则归,使门卒识已姑媳熟。乃使映庚荷粪篓随出④,就近城田共耨⑤。垂暮,令其姑还,而己负映庚走匿山中。

【注释】①西贼:谓张献忠。蜀:四川省之简称。②荷:背负。畚:用蒲草或竹篾编织的盛物器具。锸:铁锹。粪除:扫除。③相若:相等。④篓:竹篾编的盛物器。⑤耨:锄草,耕作。

【译文】明朝流贼张献忠攻陷了四川省,把省里的读书人家和乡绅人家都差不多屠杀光了。乡绅李兆的儿子李映庚才九岁,他家的婢女袁氏已经嫁给了应高做妻子。袁氏于是就和李映庚的乳母李氏把李映庚藏了起来。那时候流贼搜查追捕得紧,袁氏就和婆婆商量了一个计策,假称到城外去种田。每天早晨,袁氏和婆婆总是背了锄头,挑了畚箕,另外携带了一个小孩子,年纪和李映庚差不多的,一同从城门走出去,到了晚上就回来。这样做了几天,使看守城门的兵士以为自己和婆媳两人很熟悉了。袁氏于是就让李映庚背着盛粪的竹篓,跟随她们婆媳出去,在离城近的田里一起锄草耕作。到了傍晚,袁氏让她的婆婆回去,而自己背着李映庚跑了,躲藏到深山里。

九十六 兆婢托耕

秀夫负帝图